U0512673

本书的出版受到"华南师范大学哲学社会科学优秀学术著作出版基金"资助。

产权制度与旅游发展

中国温泉旅游地
水权制度研究

李鹏 著

格致出版社 上海人民出版社

序

　　李鹏是中山大学地理学院和旅游学院第一届旅游管理的 14 位本科生之一，因为名字简单特殊，很容易被记住。2003 年，学校批准在地理学院试办立交桥班的旅游管理班，"立交桥"就是从全校完成 2 年级学习的本科生中双向选择，类似交叉学科的培养。2004 年，学校决定组建旅游学院，地理学院的旅游管理立交桥班就划归到了旅游学院。所以说，这个立交桥班既是地理学院的第一届也是旅游学院的第一届。这个班是真正的小班教学，毕业时，有 6 人选择攻读硕士学位，其中又有 4 人继续攻读博士学位。

　　李鹏是继续攻读博士学位的其中之一。

　　他的博士论文选择温泉旅游为研究主题。温泉旅游是一个古老而又新兴的领域，说古老，温泉开发的中西方历史都长，说新兴，中国现代温泉旅游开发的历史并不长。选择温泉旅游作为研究主题或研究领域，有一定的风险。博士论文选题往往看重所选择主题的成长性，做得好的博士论文，可能就成为博士毕业工作之后前几年的深入研究对象，比如社区旅游、遗产旅游、旅游商业化等主题都是成长性很好的研究领域。而温泉旅游，一方面温泉不是遍在性资源，全国分布不均，另一方面研究的可进入性不强，因此该领域的研究人员和研究成果都不是很多。

他下了决心要做温泉旅游研究。我建议他先补课，成为一位温泉专家后，再确定研究问题。从地质学开始，补温泉成因的相应内容；从世界温泉开发历史记载入手，补开发历史；参与最新的温泉开发规划（宏观论证到开发设计），补规划理论和方法；到温泉度假村见习，了解经营状况；等等。他基本做到了。论文完成，获得博士学位之后，中国旅游协会温泉分会邀请他主笔中国温泉发展蓝皮书。说明他在温泉旅游领域已得到了行业的认可。

经过前期的准备，李鹏选择了温泉旅游地发展中的水权制度作为研究问题，拟对温泉旅游地中的水权制度生成过程及原因进行分析，试图探讨中国国有自然资源管理制度不同模式的利弊。

本书是李鹏在博士论文的基础上加上后期的研究整理而成，可以说是迄今为止中国温泉旅游研究最深入、成果最丰富的温泉专著。重要的贡献如作者在案例对比的基础上，将中国的温泉水权制度划分为"社区主导型""权力主导型""民营资本主导型"和"地方行政主导型"四种基本类型。其中，"权力主导"的温泉水权结构因为产权归属不明晰，在国家的名义下温泉资源遭到了破坏性开采，地方政府也因受制于自上而下的政体制约而失去了对地方经济的主导权；"民营资本主导"温泉资源是新自由主义化的资源改革带来的温泉资源私有化现象，虽然温泉资源在企业的治理下能够实现内部的利益最大化，却因为其具有的"剥夺性"造成了温泉资源的全局低效、企业间的不公平竞争以及社区矛盾；"地方行政主导"下的温泉资源是地方政府主导温泉水控制权的前提下为企业创造的竞争性的温泉水权市场，是一种比较理想的以"地方利益"为重的政府管治模式，但是在遭遇自上而下的政治力量的干预时，也同样会出现政府失灵的情况。

这样的研究贡献还有很多，这得益于作者对案例地持续不断的跟踪调研，通过利益相关者的深入访谈，参与案例地旅游规划与决策的过程，获得了充足的第一手资料，加之理论分析比较透彻，使得本书对业界、政府管理部门和学者都能开卷有益。

是为序。

保继刚

2017 年 10 月 26 日于广州康乐园

目　录

第一章 绪论

一、中国温泉旅游开发热潮

　　中国是一个温泉资源大国。中国开发利用温泉的历史悠久，在各地方志和史料中都能见到关于温泉的记载，在新中国成立初期就有学者根据各地方志对中国的温泉进行过统计（章鸿钊，1956），据载，新中国成立时各地发现天然出露的温泉已有 972 处。20 世纪 70 年代中国的地热勘探热潮过后，各省区登记在案的温泉数达到 2200 处（陈墨香，1992）。

　　20 世纪 90 年代以来，地热勘探技术的进步使得温泉钻井深度超过了 4000 米，全国各地对温泉资源的开采量骤然增加，技术进步使得以前没有温泉出露的地区通过人力凿出了温泉（如天津、上海），以前出水量小的温泉通过技术手段得以不断"增量"。据统计，1999 年全中国地热（温泉）出水量为 2518.3 万吨，2006 年增长到 7060.3 万吨，年均开采量增长高达 15.9%。与此同时，各种负面新闻接踵而至，2000 年，中国十大温泉景区之一的南京汤山温泉，由于近年来采水单位猛增，导致地下热水资源受到严重破坏，地下水位以每年 1 米的速度下降，温泉资源面临枯竭的

危险 ①；2002 年，中国三大高温混合型温泉之一的湖南灰汤温泉"引泉入城"工程被叫停，后经调查，在 40 年的开发中灰汤温泉地下水位已经下降 10 余米之多，根本无法再引入任何温泉开发的项目 ②；1999 年至 2005 年间，北京东南城区、小汤山及良乡附近由于过量开采地热水，地下热水位下降 4.95 至 13.06 米，海淀温泉和昌平小汤山相继枯竭 ③ 等等。

虽然温泉开发造成的地质问题屡见不鲜，但是，各地从政府到民间开发温泉的呼声日盛。温泉资源具有供热、农业育种、医疗保健和洗浴等多重开发价值，但就中国近十余年的发展而言，温泉旅游开发成为了温泉资源利用的主导模式。中国温泉旅游开发兴起的主要原因在于：首先，温泉旅游产品有别于传统的观光旅游产品，既包含休闲养生和康体的理念，又易于在开发中与娱乐、活动策划相结合，迎合了现代人追求放松、休闲的旅游心理需求；其次，中国是一个温泉大国，温泉资源广泛分布于各省市及地区，广东先期温泉开发的成功给予了国内其他地区以巨大的启示，再加上温泉开发模式易于模仿，一时间温泉开发在全国上下蔚然成风。2006 年，重庆市着力打造温泉之都，投资百亿建设"五方十泉"；2011 年，福建省编制完成《福建省温泉旅游发展规划》，计划将福建打造成世界级温泉旅游胜地；2011 年，辽宁省提出建设"全国第一温泉大省"目标；2017 年，贵州省开始打造"温泉省"。伴随着各地经济的持续发展和人民生活水平的改善，可以预见，中国温泉旅游开发在未来一段时间内将继续升温。

---

① 史婷婷：《四时如汤已成往事，谁来拯救南京汤山温泉》，载《江南时报》，2004 年 11 月 23 日。
② 操婷：《向西南 85 公里，有 8 平方公里"热异常区"》，载《潇湘晨报》，2010 年 2 月 9 日。
③ 汪韬：《地热温泉潜规则调查：北京半数以上温泉属黑户》，载《南方周末》，2012 年 5 月 17 日。

二、温泉资源由行政管理转向资本化管理

中国自 1978 年以来的改革是以市场化为导向，以打破旧有计划经济体制、建立新的社会主义市场经济体制为目标的体制革命。这场市场化的变革同时带来的是整个国家社会关系、生产方式、经济结构和思想观念等全方位的转变，是一次深刻的制度变迁过程。改革的目标就是要建立以市场机制为核心的资源配置方式，让国家从资源配置的垄断者变为资源配置过程的协调者。

中国的法律规定，温泉资源属于矿产资源，所有温泉资源为国家所有。1986 年，中国《矿产资源法》出台，明确规定"国家对矿产资源实行有偿开采"，这标志着矿产资源成为了一种有价的商品，任何人都必须通过商品交易方式有偿使用矿产；1996 年《矿产资源法》修订中又进一步规定"国家实行探矿权、采矿权有偿取得制度"，这使得矿产资源的矿业权得以明确，从此，所有增量的矿产资源的产权得以明晰；2006 年国务院《关于加强地质工作的决定》中规定："对地质勘查基金出资查明的矿产资源，除国家另有规定外，一律采用市场方式出让矿业权（包括探矿权、采矿权），所得收入由中央和地方按比例分成，主要用于补充地质勘查基金，实现基金的滚动发展。完善资源税、矿产资源补偿费和矿业权使用费政策。"这是国家发出对矿产资源管理体制进行全面改革的号令，其目标不仅要对新增矿产资源继续实行"有偿取得"的制度，而且要解决原有矿产企业无偿取得矿产资源的双轨制运行问题。它标志着我国矿产资源资本化改革进入了整体实施的阶段（朱学义、张亚杰，2008）。矿产资源资本化建立的法制演变过

程，也是温泉资源资本化建立的法制演变过程。

实际上，在中国旅游开发过程中的资源管理领域，产权问题一直是一个备受关注的话题。以目前学术界研究较多的遗产资源和社区资源为例，遗产资源所具有的唯一性使其在实行资本化管理中，价值评估难以操作，最终导致引入市场的过程困难重重，国家难以以产权明晰化的方式将其交由市场管理，从而注定了政府的主导地位（张朝枝，2006）；而社区资源因其与作为具体的资源载体的人具有不可分割性，也不具备从中分离出经营权并采用市场方式运动的条件。除此之外，旅游地资源混合性的特征导致了各式各样的产权难题。温泉旅游地的特殊性在于，温泉资源是温泉地发展旅游的核心资源，由于矿产资源法规对温泉资源的产权资本化方式已经作出了明确规定，这就保证了温泉资源理论上可以按照市场化的方式运作。但是，温泉资源只是在最近 10 年间完成了法规形式上的资本化改革，由于中国改革一开始采取的"双轨制"，使得改革前期深层次的问题并没有完全凸显。温泉资源资本化过程如何从增量改革走向存量改革，并在实际开发中完全实现温泉资源的资本化管理，是当前诸多温泉地发展中的棘手问题。

与市场化改革相对应的是中国行政体制的改革，国家体制改革的目标就是实现政府与企业的分离，改变政府以往既是"裁判员"又是"运动员"的行为方式，专心做市场经济的"守夜人"。在这一背景下，1997 年国家旅游局的机构进行了大幅度精简和职能转变，旅游局机关与直属企业实现了彻底脱钩，旅游法制建设加快步伐，旅游管理体制加速与社会主义市场经济接轨。1998 年下半年，根据党中央、国务院的决策精神，军警法机关和中央党政机关先后与所管的直属企业脱钩，其中旅游企业占据了较大比例。除少部分变为中央企业外，大部分下放到了地方。1999 年，各省党政机关也陆续与直属企业脱钩。这一阶段国退民进的企业改革使得企业作为独立市场主体的地位得以确立。在温泉旅游地的发展中，国家虽然并没有像设想中那样彻底退出温泉的开发与经营，专职监督与管理，但是国家已然不再是温泉旅游开发中的主导力量，国有企业在温泉勘查和开采中所占的比例日益下降（表 1.1），其他形式的市场主体日益成为温泉开发与经营中的主体。

表 1.1 历年地热勘查、采矿许可证发证中国有企业所占比例

		1999	2000	2001	2002	2003	2004	2005	2006
国企比例(%)	采矿许可证	41.7	54.8	35.5	—	33.3	34.4	38.8	32.1
	勘查许可证	80.2	56.6	52.3	53.2	52.4	52.8	49.0	53.6

资料来源：《中国矿业统计年鉴》。

　　与政府行政分权同时进行的是财政分权改革，中央政府通过财政分权不断向地方政府授权，以期打破"预算软约束"的制约，激活地方政府的自主性，使其在地方经济发展和社会公共物品供给方面扮演起重要且独立的角色。但是，这场分权改革没有触及中国以官员委任制为特征的自上而下的集权式的政治体制，这表现为从中央到地方财权不断向上集中，而转移支付制度建设的不健全造成了地方政府（尤其是县级政府）的财政出现普遍的赤字；与此同时，经济事权不断下移，地方政府的决策权相比计划经济得以扩大。以温泉开发为例，以前需要报省政府甚至国家批准的开发项目，现在往往在县级政府就可以做出决定。"财权上移，事权下移"的分权改革结果使得地方政府掌握了当地温泉资源的初始分配权，其在地方温泉开发中的地位日渐突出，但是，鉴于地方政府财力有限，温泉开发所需要的大量投资并非地方政府所能独自承担，因此，寻求市场力量的合作成为一种必然。于是，在更加灵活的地方政府决策机制下，温泉地的旅游开发不再是由自上而下的科层制决策过程，而是日益置身于多方合作、利益多元化的网络结构之中。

三、研究问题

在全国各地纷纷兴起开发温泉旅游的热潮之中，有的温泉地通过温泉旅游开发实现了地方经济的发展，而另一些温泉地则在开发过程中导致温泉资源耗竭，甚至引发了严重的社会矛盾。是什么原因导致不同的温泉旅游地的开发呈现出大相径庭的开发结果？基于此问题提出的对象十分具体，中国社会所处的复杂多变的转型时期又使得这一问题的背景"中国特色"鲜明，以致国外对温泉地的研究都难以直接回答这个问题。国内学者就此问题的回答基本可以分为两类：第一类可以称为"外部因素决定论"，第二类称为"规模特色决定论"。

"外部因素决定论"把温泉旅游地成败的关键归结为选址问题，认为只有将温泉旅游产品选址于交通进入性和客源市场条件好、温泉资源丰富、区域经济发达的地区，才能保证温泉地的成功开发（王华、彭华，2004）。这一论断对于温泉地的选址问题具有指导意义，如广东省温泉地要比湖南省温泉地开发得更成功就是因为其外部因素的差别造成的。但是，温泉的成因与地质构造紧密相关，温泉出露地点往往是沿断裂带走向形成的地热异常区分布，这也就形成了温泉分布在空间上呈"大分散，小聚集"的态势（陈墨香，1994）。如广东省温泉开发遍地开花，客观上就是因为其所处的华南沿海断裂带形成了一系列的地热异常区，为温泉开发创造了条件。但即使是珠三角附近的温泉地开发也难免出现失败的案例，同样的区位条件和经济水平下，面对共享的客源市场，为什么依然会出现开发差异巨大的结果？这显然已经难以用"外部因素决定论"给予解释。

"规模特色决定论"认为温泉开发所面对的激烈的市场竞争，"需要开发商具有规模优势和提供差异性温泉服务产品的能力"，并提出要使温泉开发在小尺度的区域竞争中胜出的办法是建设"大型主题休闲游乐温泉"（黄向、徐文雄，2005）。依靠大手笔、大投资保证温泉地开发的短期轰动效应是可行的，珠海海泉湾的成功就是一例。然而，这种建立在庞大的前期投资规模基础之上的成功模式具有多少推广价值仍值得斟酌。换言之，在更多的温泉地开发中，投资规模受到限制的情况下是否注定了失败？显然，"规模特色决定论"只适合于那些对投资成本毫不担心的投资者，而对于大量受到一定的投资规模限制，产品缺乏足够特色的温泉地而言，问题依然没有解决。

纵观国内目前已有的研究成果，不论是"外部因素决定论"还是"规模特色决定论"，都只是在对温泉旅游开发的表象进行理想化的、片面的经验总结，缺乏完整的理论视角，其研究结论对于目前中国正在进行的温泉旅游开发也缺乏指导意义。基于此，本研究将从产权制度的角度对温泉旅游开发的问题进行系统的研究。

产权制度的视角是厘清乱象丛生的中国温泉旅游开发的一根主线。遵循产权制度这条主线，可以发现：外部因素是产权制度生成的条件，而规模特色则是由产权制度诱导的结果。因此，对于温泉资源产权制度的研究是把握中国温泉旅游开发问题的核心所在。诺斯通过对西方经济史的研究得出，有效率的经济制度是一个国家经济增长的关键，而无效率的经济制度是经济停滞和衰退的根源（诺斯、托马斯，1999）。对温泉开发历史的考察亦可以发现，温泉资源的产权制度有着与国家的经济制度同样重要的意义。在一个自然地理条件与温泉旅游需求不变的环境中，温泉地开发的结果可以由投入开发的资本、技术和制度能力决定。资本决定了一定时期内可以用于建设温泉使用设施的投入数量，技术则决定了资本投入的产出效益，这里的技术不仅仅指用于勘探与开采温泉水的工程技术，也包含了温泉旅游产品规划设计和经营管理的理念技术。资本和技术两者共同决定了温泉地开发可能的最大产出水平。但是，由资本和技术决定的温泉地开发的最大产出水平只是一种理论上的可能性，现实的温泉地的开发产出总是低于这个最大值。在实际开发产出与最大开发产出可能性之间的差距则可以用制度来解释，即好的温泉开发制度能够使温泉开发实际产出接近于理论上的最大产出，而差的开发制度则会使实际产出远低于理论上的最大产出。

很显然，在中国温泉地的开发中存在的产权制度是多样化的。虽然温泉资源作为国家所有的公有制属性是由国家法律所规定的，但在中国的改革浪潮的冲击下，温泉资源的实际控制权逐渐成为政府与资本博弈的结果。那么，究竟我国的温泉旅游地开发过程中存在哪些具体的产权制度安排？这些产权制度生成的原因是什么？不同的产权制度会带来哪些不同的资源治理结果呢？

四、案例地与研究方法

（一）案例地选取

本研究是围绕着中国温泉地水权制度展开的，只有将研究对象限定在一个具体的温泉地之内，才能通过详细深入的调查理清具体的水权制度。从现实情况出发，案例地的选择首先应该具备

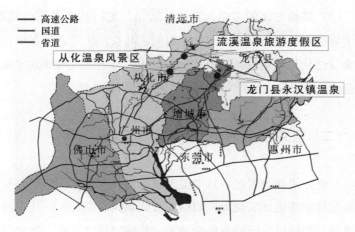

图 1.2　三个案例地的地理位置

可进入性；从理论出发，案例地的选择还需要符合理论假设的条件，案例地之间具有可比较性。本研究选择从化温泉风景区、流溪温泉旅游度假区和龙门永汉镇三个温泉地作为案例地，图 1.2 标明了三个案例地的地理位置。之所以选择这三个案例地，主要基于以下方面的考虑。

（1）从化温泉风景区、流溪温泉旅游度假区和龙门永汉镇三个温泉地在空间上相邻，三者的客源结构基本相同，这在研究治理结构与温泉地发展的关系时免除了区位与市场因素的干扰，使案例之间围绕治理结构的比较研究得以开展。

（2）从化温泉风景区、流溪温泉旅游度假区和龙门永汉镇三个温泉地的治理结构具有差别：从化温泉风景区治理结构形成于计划经济时代，是典型的"国家权力主导"的水权结构；流溪温泉旅游度假区在新的矿产权管理体制下形成的是"地方行政主导"的水权结构；龙门永汉镇温泉则是典型的"民营资本主导型"水权结构，三种不同温泉水权制度的形成过程及后果之间的比较，符合多案例研究要求的"差别复制"的要求。

（3）其他方面的考虑：首先，从化与龙门县距离广州较近，便于研究者控制研究成本和安排时间；其次，研究者所在单位曾经参与过从化与龙门县的相关规划工作，与当地政府建立了良好的合作关系，这也为研究者创造了便利的可进入性。

（二）研究思路

本研究问题的提出来自中国温泉地治理的现实，但是，从了解温泉地治理的现实情况、归纳社会认识到研究进入，从了解研究进展、挖掘研究问题到命题确定，从确定研究方向、涉猎理论方法到研究开始，这些看上去依次发生的事情其间却经历过无数次从问题到理论、从理论到问题的往复过程。因此，图1.3只是理想状况之下的技术流程，虽然不能完全表达本研究思路形成的不断反复的曲折过程，但也基本体现了研究的设计方法。

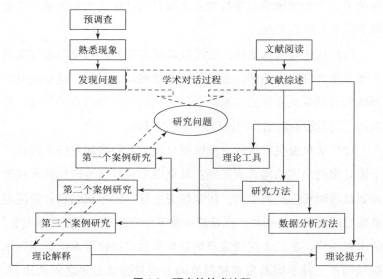

图 1.3　研究的技术流程

从总体上看，本研究遵循了"经验研究—理论建构—假设检验"的研究过程。从研究的技术流程看，包括以下几个步骤：（1）从预调查中熟悉温泉地的现实情况，针对现实的情况查看相关的国内外研究文献；（2）通过文献综述和现实温泉地中的问题之间的学术对话，提出本研究的理论假设；（3）通过文献研究寻找适合本研究的理论工具、研究方法和数据处理方法，并用既定的研究方法对案例逐一地进行实证研究；（4）最后经过案例研究验证本研究的理论假设并结合既有理论将之进一步提升。

本研究试图通过三个典型案例地的研究，总结出中国温泉地存在的三种典型的温泉水权制度，并通过对三种典型的温泉水权制度的实际运作过程的研究，探讨温泉水权制度对温泉地带来的影响，并通过"历时态分析"和"过程—事件分析"的方法揭示温泉水权制度的生成机制。具体章节安排如下。

首先从对三个案例地温泉水权制度的形成过程入手，第二章、第三章和第四章全面翔实地介绍了三个案例地从开发伊始发展至今的全过程，发现从化温泉、龙门县永汉温泉和流溪温泉分别代表了目前中国温泉资源产权制度存在的三种典型模式，分别为"权力主导"制度、"民营资本主导"制度和"地方行政主导"制度。

第五章在前文案例研究的基础上，以自然资源科层模型为分析框架，构建了用于探讨中国温泉水权制度的科层概念模型，并将中国的温泉水权制度分为四种类型进行了归纳与对比。

根据不同案例的水权制度的形成历程和案例间的对比分析，第六章按时间顺序大致梳理了中国温泉产权制度经历社区主导、权力主导、民营资本主导、地方行政主导的制度静态变迁过程，但是不同地区的制度变迁过程及目前所处的阶段都各不相同，其中夹杂的国家、地方、资本与社区的复杂博弈决定了中国温泉水权制度的动态变迁方向。

（三）资料来源

1. 田野调查

田野调查的目的是熟悉案例地的实际情况，对案例地的制度形成初步认识，并通过实地考察中的随机访谈和观察了解与研究有关的信息。田野考察内容包括：物质景观、功能布局、案例地所在村镇规划发展的历史和现状、人口构成和生活方式。本研究对案例地及类比案例地的田野调查时间总共超过 200 天，其中完成笔者的博士论文期间的田野调查时间为 137 天，近年来在参与各地的温泉调研课题中的田野调查时间约 70 天以上。如表 1.2 所示，本研究除了三个主要案例地外，还调查了包括日本神奈川县箱根、湖南汝城、广东清远聚龙湾、珠海海泉湾、珠海御温泉、龙门县铁泉和龙门县天然温泉 7 个温泉地作为类别案例。

田野调查中最难解决的是进入性问题，因为温泉水权制度是在政府、企业、社区三者的博弈中形成的，其间很多的"内幕"信息并不易被局外人观察到，只有站在"局内"才能获得有价值的信息。因此，每一个新的案例地的田野调查的过程就是一次设法"进局"的过程。以从化的调研为例，笔者初次进入案例地时只能通过托关系的方式在政府部门获取面上资料，直到加入从化市政府组织的一次温泉资源调研活动后才打开了研究的进入性，笔者利用自身掌握的专业知识以"咨询者"的身份，成为从化市当年开展的温泉水治理工作的小组成员，才获得了企业与社区的进入性。

2. 深度访谈

深度访谈的目的是通过与关键人物的面对面的交谈，获取研

表 1.2 案例地的调研情况

调研对象		调研内容
案例地	广东从化温泉风景区	企业访谈、政府访谈、资料收集、实地考察、社区访谈
		游客调查、企业访谈
	广东从化流溪温泉旅游度假区	企业访谈、政府访谈、资料收集、实地考察
		企业访谈、游客调查
		企业访谈、政府访谈、社区访谈
	广东龙门县永汉镇温泉	政府访谈、企业访谈、社区访谈、资料收集、实地考察
类比案例地	广东清远聚龙湾	企业访谈
	广东珠海海泉湾	企业访谈
		企业访谈、游客调查
		政府访谈
	广东珠海御温泉	企业访谈
	广东龙门铁泉	企业访谈
	广东龙门天然温泉	企业访谈
	湖南汝城县温泉	收集资料、实地考察
		社区访谈、政府访谈
	日本神奈川县箱根温泉	实地考察、专家访谈

资料来源：根据调研记录整理。

究需要的信息和证实研究过程中的理论假设。因为温泉水权制度的形成是在国家既有的法律框架下政府、企业、社区多方博弈形成的，因此研究过程也涉及三类访谈者：政府官员、企业投资与管理者、社区村民，总共访谈超过 80 人次（表 1.3）。

表1.3　访谈对象

政府	广东省国土资源厅、广东省矿协、广东省温泉协会、广州市国土局、从化市政府、从化市国土房管局、从化市水利局、从化市规划局、从化市旅游局、从化流溪温泉旅游度假区管委会、从化温泉镇政府、龙门县政府、龙门县旅游局、龙门县国土局、龙门县水利局、龙门县规划局、龙门县永汉镇政府
企业	广东省温泉宾馆、广州军区从化接待处、广东省干部疗养院、陆通山庄、圣泉大酒店、幸福楼、粮贸假日酒店、碧泉大酒店、金龙酒店、仙沐园、鸿辉假日酒店、老干部综合服务中心、电力山庄、专家村、北溪度假村、新之泉宾馆、湖景酒店、怡东楼、正大度假村、东溪宾馆、安城山庄、锦泉宾馆、竹溪村招待所、翠岛山庄度假村、清音酒店、万丰酒店、恒运培训中心、侨宏花园、望谷度假村、名景酒店、财富酒店、景泉酒店、玉溪山庄、天成宾馆、广州工伤康复医院、碧水湾温泉度假区、文轩苑、广州地铁培训中心、英豪学校、滴翠山庄、广州烈军属疗养院、威格诗农庄、龙门南昆山温泉大观园、大自然温泉度假村、庄加庄温泉山庄、庄明庄问泉山庄
社区	从化温泉镇温泉村、从化良口镇热水村、从化良口镇塘料村、从化良口镇碧水新邨、龙门县永汉镇油田村、龙门县永汉镇马星村

资料来源：根据访谈整理。

　　深度访谈所能获取的信息量和效果与对话发起者自身对问题的把握能力密切相关。在研究初期进行的深度访谈无疑是最困难的，因为笔者在研究初期对温泉水权的把握能力是最弱的，访谈过程中面临信息量过大、问题方向不明确等问题，但由于本研究采取了多案例的研究方法，因此为笔者在访谈过程中提供了试错的机会。随着案例地和同类被访谈者数量的增加，笔者一方面可以明显感觉到信息饱和的接近，另一方面对所研究问题的认识也越来越深入。

　　3. 文献资料

　　本研究所涉及的文献资料包括如下五类：（1）政府批文：在案例地调研的第一步往往是在当地档案局调阅与温泉地有关的政

府批文，从中了解温泉地发展的脉络；（2）档案文书和统计资料：主要查阅了中山大学图书馆、从化市史志办、龙门县史志办，搜集到《从化县志》《龙门县志》《从化温泉风景区志》《从化年鉴》等文史材料；（3）规划文本：通过从化市规划局、龙门县规划局搜集到《流溪温泉旅游度假区总体规划》《从化市温泉镇总体规划》《龙门县旅游总体规划》等相关规划；（4）宣传材料：通过案例地的各企业和从化市旅游局、龙门县旅游局获得与温泉旅游相关的宣传资料若干份；（5）媒体报道：主要是通过网络媒体和报刊搜寻与案例地温泉开发相关的报道消息。

第二章　从化温泉风景区的产权困境

一、从化温泉风景区概况

（一）地理环境

从化温泉风景区位于广州市东北郊，在从化境内的流溪河上游，离从化区街口镇 15 千米，距广州 75 千米。2007 年 1 月机场高速路北段和街北高速通车后，从化与京珠高速公路、北三环高速公路实现了互联互通，交通进入性得到极大改善。从化通过高速公路往南可直达广州、中山、珠海等地区，往东可连接增城、惠州、东莞、深圳及粤东地区，往西可连接佛山、肇庆、江门及粤西地区。之前通过广从（广州—从化）公路从广州到从化需要一个半到两小时的车程，现在缩短至一个小时左右。

从化温泉风景区东由东埔起，经风水埔、松山至南面石榴花山、牛步径、沙岗止；西由分水坳起，经窝盖、太平垴、竹仔垴至北面的马古头垴、白石岌至西埔止，地理位置界于东经 113 度 38 分 42 秒至 113 度 39 分 14 秒，北纬 23 度 38 分 47 秒至 23 度 39 分 28 秒之间。全区面积 25.85 平方千米。

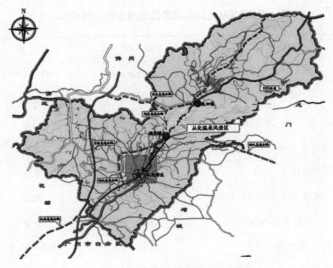

图 2.1　从化温泉风景区区位

从化温泉风景区四周环山，景色秀丽。西北部群山起伏，山势陡峻，海拔 200—300 米，最高点为"十八份山"（今温泉宾馆湖滨大楼背后），海拔 363.7 米；东南部为低平山丘，一般海拔为 100—200 米；西北部山地陡壁深谷，尤以"天医处"峡谷和翠溪峡谷为幽；东南部小丘地带多有溪涧，流水淙淙。中间地带出露区，有流溪河自东北流入，蜿蜒贯穿而过，向西南方向流出，经市区街口镇，最后注入珠江。流溪河温泉段两岸为狭长的河谷平原，海拔 40—50 米之间，疗养、旅游的楼房馆所、商场、电讯等建设多设于此。区内遍布温泉泉眼，泉水清澈晶莹。还有多处荔枝果园，绿荫成趣。由中心地带往西北 3 千米处有瀑布，建天湖风景区。

从化温泉风景区属亚热带气候，年平均气温为 20.9 摄氏度。6—8 月气温较高，最高气温记录为 38.7 摄氏度；1—2 月气温较低，最低气温记录为 –2.5 摄氏度。一年四季，气候温和，适宜旅游和修养。

表 2.1 从化温泉风景区温泉水质分析表

物质名称	单 位	浓 度
氡	贝克勒尔 / 升	63—710
钙（Ca^{2+}）	毫克 / 升	12.6
钾、钠（K^+Na^+）	毫克 / 升	71.9
氯化物（Cl^-）	毫克 / 升	8.8
硫酸盐（SO_2^-）	毫克 / 升	9.0
碳酸氢盐（HCO_3^-）	毫克 / 升	202.2
硝酸盐（NO_3^-）	毫克 / 升	微量
氟化物（F^-）	毫克 / 升	9.0—11.0
二氧化硅（SiO_2）	毫克 / 升	50—80
pH		6.9—7.8
矿化度	毫克 / 升	240—390

资料来源：从化市地热资源开发与利用调研组，2009。

　　从化至阳江有条从阳断裂层，温泉风景区正处于从阳断裂层北端。这条断裂层深部有段破碎带，便于地下水的储存和运动，加之地处亚热带的从化雨量丰富，地表径流发达，地下水源充足，因受地核热能的影响，储存于破碎带的地下水便形成了源源不断的温泉。破碎带在大园村至宾馆一带发育形成了主渗透带，为热矿水上涌运移提供了通道。储存在地下的温泉水便顺着这条上升通道到达地面，形成出露在温泉风景区内的温泉。从化温泉储水层大约在200 米深处，由于储量较丰富，水压较高，利于热水涌出，早年测定其自流涌出量约每天 1400 吨，最大流量约 3000 多吨。

　　新中国成立前，在温泉流溪河两岸，有多处泉眼自然涌出热水，水量大的积水成塘便被称为热水塘，河东北面沙滩温泉涌处被称为"热沙"。温泉水烫手,当地人称为"汤泉"并用来洗涤,游人把鸡蛋放进汤泉中可烫熟。

20 世纪 30 年代,岭南大学德国籍医生柯道对从化温泉风景区内温泉水质化验后,发现许多对人体有益的元素,当时就有人把温泉水盛在玻璃瓶内出售(从化县温泉镇人民政府,1990:28)。根据 1960 年广东省地质局水文地质队矿水组的鉴定,从化风景区内温泉水无色无味,含有铝、钴、锰、铜、银等多种微量矿物元素,因含氟较高不能饮用,放射性氢气每升 63—710 贝克勒尔,宜作医疗用水。

(二)历史沿革

从化温泉风景区所在地原名"青龙头",古时,此地山高林密,人迹罕至。

明弘治二年(1489 年),从化设县治,"青龙头"属水西堡。清代属水西沙石冈堡管辖。至民国二十三年(1934 年),此地已有大围、大塘边、较寮、上围等村庄,共有村民 400 多人。

民国二十二年(1933 年),刘沛泉、陈大年、梁培基、李务滋四人成立"温泉建设促进会",开始从事风景区的开发,并在泉眼旁竖立刻有"温泉"二字的石碑,日后此地便以温泉命名。至民国二十六年(1937 年)抗日战争爆发,温泉建设陷入停滞。

民国三十一年(1942 年)冬,从化南部地区被日军占领,成了半沦陷区,县政府及属下机关、国民党县党部、法院、检察院、中学等北迁温泉。温泉暂时成为从化县的政治文化中心。

民国三十四年(1945 年)8 月,日本投降,从化县党政机关迁回县城街口镇,原党政办公所在地及官僚、私人别墅,由留下的县警中队驻守和管理,温泉其余地方属从化北区米步乡第五保管辖。

1949 年 10 月 13 日，从化全县解放，原留守县警中队驻守的地方由中国人民解放军第四野战军 44 军接管。1949 年至 1952 年，温泉属第五区米步乡第十三村。

1952 年 5 月，44 军又把原接管温泉地区的官僚资产，移交给华南干部疗养院管理。1953 年广东省政府在温泉设立第二招待所，此后进驻温泉的单位逐年增多，温泉地区逐渐成为中外闻名的风景区。1953 年至 1955 年温泉村属第五区合平乡。1956 年改合平乡为温泉乡（乡址设在温泉村）。1957 年撤区并乡，温泉乡并入麻村乡。

1958 年 10 月 15 日全县公社化，温泉归良口公社管辖，1959 年设置温泉公社，温泉各村合称生产大队。1960 年 7 月成立流溪温泉党委会，领导温泉所属单位及温泉大队。

1979 年 10 月至 1982 年 2 月，温泉风景区划给中共广东省委接待处领导，设温泉管理处，温泉大队属管理处和温泉公社双重领导。

1982 年 3 月至 1987 年 9 月，温泉风景区管理机构由中共广东省委移交给省政府办公厅管理，设广东省从化温泉管理委员会，温泉大队相继改为温泉乡政府。1986 年撤区改镇后，称温泉村民委员会。温泉乡政府同属温泉镇和温泉管委会双重领导。

1987 年 9 月以后，温泉风景区管理机构由省政府移交给县政府，成立从化县温泉风景区管理机构筹备小组，管委会同时撤销。1988 年 4 月，成立从化县温泉镇人民政府，由新的温泉镇人民政府统一实施对温泉风景区的行政管理，所辖范围为原驻温泉风景区 40 多个中央、省、市、县属单位以及温泉村和天湖林场，总面积 28 平方千米。前温泉镇易名桃园镇。

2004 年，在从化市镇级行政区划调整中，桃园镇、灌村镇被撤销，其行政区域并入温泉镇，温泉镇的管辖范围扩大到 212 平方千米。

（三）经济概况

温泉风景区内共有天湖和温泉两个行政村，其中天湖村包括黄围、四高田、黄竹三个自然村，温泉村包括大围、上围、新围、冲口、沙岗五个自然村，总户数 1671 户，总人口 4203 人，其中非农业人口占 55%。因为温泉风景区内的宾馆林立，导致其非农业人口比例高于附近村镇。温泉风景区内的耕地面积在最近 20 年大幅减少，很多本地居民虽然被统计入农业人口，但所从事的也多为旅游服务业，因此，按照职业划分温泉风景区内从事非农业的人口比例超过 80%。

温泉风景区年接待游客量超过 100 万人次（含重复统计），旅游成为该地区社会经济的主导产业，温泉风景区成名较早，从新中国成立之初发展至今，景区内的耕地面积逐渐被各单位的旅游接待设施挤占，景区内耕地面积只剩 216 亩，完全依靠农业生存的村户并不多。本地居民通过承包经营小型宾馆设施，出售旅游商品，提供旅游服务等各种方式参与风景区内的旅游事业。目前，风景区内的农民年均纯收入为 4147 元，高于从化市内其他乡镇。

二、予取予求下的初期繁荣：1933—1965 年

（一）官僚资本揭开从化温泉开发序幕

虽然有关从化温泉的史料记载可追溯到明朝年间（从化县地

方志编纂委员会，1989：31），但其真正意义上的开发是从 1933 年开始的。时年，西南航空公司常务委员刘沛泉在飞机上看到从化百丈飞泉，甚觉惊讶，便邀好友陈大年、梁培基等人前往调查。在调查过程中，三人发现从化温泉沿河两岸景色秀美，温泉泉眼甚多，出水温度高，距离温泉 3 千米处还有瀑布景观，非常具有旅游开发价值。随后，三人便开始着手开发从化温泉事宜。其间，他们接触到从化县县长李务滋。李务滋早已有意利用温泉发展地方经济，早前已投资在流溪河东建立一间简易茶室，后与刘、陈、梁三人合资兴建"玉壶溪馆"，采用茅草盖顶，竹织料荡作墙，四面设有走廊，中间布置成日本式的三间平房，虽然简单，但也为到温泉游玩的游客提供了最初的休息场所。之后，四人倡议成立"从化温泉建设促进会"（以下简称"促进会"），从此从化温泉风景区的开发拉开序幕。

促进会在流溪河边的泉眼处树立刻有"温泉"字样的石碑，并修建温泉浴室，供游人沐浴，还在河滩旁修筑石级供游人下河游泳。除此之外，凉亭、木桥、栈道等游憩设施应有尽有，初步形成了旅游氛围。1934 年，促进会修建大道将温泉的中心区与广韶公路相连，使得游人能够坐车直接到达温泉。促进会还通过吸收会员的方式开发从化温泉，当时规定，凡促进会会员捐资 300 元（民国法币）以上的，到温泉游览可免费住在玉壶溪馆，会员还可以在促进会购置的荒地上投资建设别墅楼宇，一时间广东的军政要员纷纷成为促进会的会员，并在从化温泉风景区投资建设。

从化温泉风景区 1934 年至 1936 年进入第一次大规模建设时期，这段时期建成的主要建筑如表 2.2 所示。

至 1936 年，从化温泉风景区"别墅林立，中外人士，到游者冠尽相望"（从化县地方志编纂委员会，1989：40）。1937 年抗日战争全面爆发，从化县成为半沦陷区，温泉风景区的建设停止，

表 2.2 1934—1936 年从化温泉风景区建设的主要建筑物

序号	建筑名称	主人身份	修建年份
1	溪滨一屋	梁培基（医师）	1934
2	珠江颐养园温泉分院	梁培基	1934
3	如玉轩	陈大年（律师）	1934
4	若梦庐	刘沛泉（西南航空公司常务委员）	1934
5	李务滋别墅	李务滋（从化县长）	1934
6	谢瀛洲别墅	谢瀛洲（国民党最高法院院长）	1935
7	"小沧浪"别墅	欧阳磊（从化县长）	1936
8	林云陔别墅	林云陔（广东省政府主席）	1936
9	刘纪文别墅	刘纪文（广州市市长）	1935
10	陈济棠别墅	陈济棠（国民党第一集团军总司令）	1936
11	郑道实别墅	郑道实（广东省文史馆长）	1936
12	柯树山房	柯道（岭南大学德籍医生）	1936
13	别墅一幢	施奈德（德国商人）	1936
14	区芳圃别墅	区芳圃（广东省财政厅厅长）	1936
15	巳西山房	梁孝郁（广东省财政厅秘书）	1936
16	萱荫园	冯谓仿（广东省财政厅科长）	1936
17	谢义邦别墅	谢义邦（陈济棠秘书）	1936
18	胡木兰别墅	胡木兰（胡汉民之女）	1936
19	利名泽别墅	利名泽（香港商人）	1936
20	黄冠章别墅	黄冠章（国民党军长）	1936
21	林群兴	林群兴（国民党团长）	1936
22	万国扶轮会俱乐部	外国人士	1936

资料来源：从化县温泉镇人民政府，1990。

图 2.2　散落在从化温泉镇的历史建筑

（作者摄于 2016 年 5 月）

游人罕至。但是，经过 1934 年至 1936 年这一时期的开发，从化温泉风景区已经初具规模，并取得了较高的知名度。

总结 1933—1936 年这一阶段从化温泉风景区的开发过程，可以发现官僚资本成为推动从化温泉开发建设的主要力量。无论是促进会的主要成员，还是其日后招揽至温泉风景区大兴土木的业主，均为当时广东省军政界的上流阶层。也正是这批民国时期上流阶层的集中投资，将默默无闻的从化温泉变成了当时世人皆知的著名风景地，其遗留下来的楼宇建筑及轶事更成为日后从化温泉景区继续发展的物质与文化基础。

（二）大单位主导下的从化温泉疗养业大发展

1. 大单位对官僚资产的接管

1949 年 10 月 13 日从化县解放，原留守县警中队驻守的地方由中国人民解放军第四野战军 44 军接管。1952 年 5 月，44 军又把原接管温泉地区的官僚资产移交给中共中央华南分局，华南分局接管后即筹建华南干部疗养院，后改名为广东省干部疗养院。1953 年，广东省政府在从化温泉设立第二招待所，后改名广东温泉宾馆。1958 年，广州军区在流溪河西设立温泉招待所，后改名广州军区从化接待处。

表 2.3　1949—1976 年从化温泉建设情况

单　位	建筑名称	面积（平方米）	位　置	修建年份
广东省干部疗养院	1 号疗养楼	2088	河东西北面	1955
	疗养院俱乐部	1536	河东东面	1956
	2 号疗养楼	2484	河东北面	1961
	5 号疗养楼	763	河东北面	1970
广东温泉宾馆	河东 9 号楼	563	河东中心区	1953
	河东 10 号楼	527	河东中心区	1953
	松园 2 号楼	648	河西北面	1956
	松园 3 号楼	416	河西北面	1956
	松园 4、5、6 号楼	967	河西北面	1956
	河东 4 号楼	557	河东中心区	1956
	翠溪 1 号楼	400	河西中部	1957
	翠溪 2 号楼	498	河西中部	1957
	翠溪 3 号楼	428	河西中部	1957
	竹庄 6 号	335	河西中部	1956
	翠溪大楼	1832	河西中部	1960
	翠溪 6 号楼	391	河西中部	1960
	松园 1 号别墅	1128	河西北面	1960
	松园 7 号楼	151	河西北面	1960
	湖滨大楼	1156	河西中部	1961
	陶然厅	1478	河西中部	1961
	竹庄 3 号楼	162	河西中部	1964
	松园餐厅	647	河西北面	1966
广州军区从化接待处	接待大楼	2100	河西南部	1959
	2、3、4 号别墅	1750	河西南部	1960
	小岛 6、7 号别墅	700	河西南部	1964

资料来源：从化县温泉镇人民政府，1990。

上述三家大单位成为新中国成立至改革开放前这一时期从化温泉风景区开发建设的主力军。根据《从化温泉风景区志》的记载，三家大单位在这一时期共建成 35 幢建筑，建筑面积达 12.85 万平方米（见上页表 2.3）。

经过这一阶段的开发建设，广东省干部疗养院、广东省温泉宾馆和广东省军区从化接待处三家大单位基本划定了各自在从化温泉风景区内的空间布局。广东省干部疗养院物业主要集中在河东中北部，广东温泉宾馆的物业主要集中在碧浪桥头及河西北部，广州军区从化接待处的物业则集中在河西南部地区。

2. 从化温泉政治化

从化温泉风景区的疗养事业在新中国成立后的一段时期内得到了长足的发展，并成为全国最有名的温泉疗养地。但是这一时期的发展也留下了明显的政治烙印。

这一时期主导从化温泉风景区建设的三家单位无不从属于省级及省级以上的行政单位，这些行政级别较高的大单位进驻从化温泉带有很强的政治目的。在新中国成立后的很长一段时间内，从化温泉基本为它们所垄断，甚至连从化地方政府都没有进驻从化温泉风景区，就连原先居住在温泉附近的两个自然村也在土改过程中被迁移到温泉外围地区。①20 世纪 70 年代河西地区更是一度被划分军事禁区，凭证通行。

另一方面，封闭式管理下的从化温泉风景区也最大程度地发挥了其服务国家领导及国家外交接待的需要。尤其在 20 世纪 50 年代到 60 年代，从化温泉风景区先后接待了朱德、周恩来、邓小平、陶铸、李先念、刘少奇、陈云等国家领导人，接待了来自美

---

① 1952 年华南干部疗养院会同从化县人民政府、土改工作队动员河东大塘边和高寮两个自然村 18 户村民迁移到大围村（从化县温泉镇人民政府，1990：11）。

国、苏联、罗马尼亚、日本、朝鲜、澳大利亚等众多国家的代表团（表 2.4）。一时间从化温泉声名大噪，成为闻名世界的温泉疗养地。

表 2.4　1949—1976 年从化温泉接待国家领导及外国使团情况

年份	事　件
1954	朱德同志到温泉游览
1955	周恩来同志到温泉游览 陶铸同志到温泉游览
1958	中苏友好代表团到温泉游览 罗马尼亚代表团到温泉游览 李先念同志到温泉游览
1960	邓小平同志到温泉游览 中阿（阿尔巴利亚）友好代表团到温泉游览 中朝友好代表团到温泉游览 中日友好代表团到温泉游览
1961	柬埔寨政府代表团到温泉游览 刘少奇同志到温泉游览
1962	越南政府代表团到温泉游览 陈云同志到温泉游览
1965	印度尼西亚代表团到温泉游览
1968	扎伊尔政府代表团到温泉游览
1970	澳大利亚共产党代表团到温泉游览
1971	马里政府代表团到温泉游览 坦桑尼亚代表团到温泉游览
1972	索马里代表团到温泉游览
1973	西哈努克亲王到温泉游览
1974	缅甸政府代表团到温泉游览
1975	哥伦比亚政府代表团到温泉游览 尼泊尔政府代表团到温泉游览
1976	尼克松访华团到温泉游览

资料来源：从化县温泉镇人民政府，1990。

（三）处于开放利用状态下的温泉资源

早在外界资本进入开发从化温泉风景区之前，此地就有乡民聚居。当时的村落旁有九处温泉泉眼自然涌出，其大者积水成塘，称"热水塘"，乡民们从那时起就有汲取热水洗澡的习惯。由于当时从化温泉风景区地处山区，交通不便，本地村民人口稀少，自然涌出的温泉水对于乡民的洗澡需求来说十分充裕。

1933 年之前，从化温泉并不出名，当时广东省内的名胜有"三山一岩"之说，即博罗罗浮山、南海西樵山、广州白云山及肇庆七星岩。从化温泉风景区是在 1934 年成立促进会之后逐渐发展成熟起来。相较于广东省内当时的其他名胜，从化温泉成名的最大原因是其温泉资源。当年，促进会邀请岭南大学化学系和广州行医的德籍医生柯道对温泉水质进行化验，证明该温泉水对各种风湿关节炎、消化器官病、某些皮肤病等有疗效，又有助于消除大脑皮层疲劳，促进新陈代谢。后来他们制成"温泉水质化学分析表"印发，扩大宣传，得到社会各界人士的关注，进而迎来从化温泉风景区的第一次大规模发展。由此可见，温泉资源的医疗效果是从化温泉风景区实现起步的关键因素。

1949 年至 1970 年，民国期间建成的台馆别墅全部收归国家所有，之后国家主导的宾馆与疗养院继续在从化温泉风景区投入建设。虽然其开发主体由民国时期的官僚阶层变成了解放后的国家机关，但其取用温泉水的技术并没有发生太大改变。1970 年之前，所有的别墅、宾馆、疗养院所用温泉水都来自当地的九处天然露头（见下页表 2.5）。在从化温泉风景区开发初期的几十年内，之所以一直延用从天然露头取用温泉的老方法而鲜有变化，一方面是由于当时的技术水平还只能够满足对天然涌出温泉的利用，另一方面也是因为从化温泉风景区的开发规模到 1970 年之前都还在温泉自流量的承载范围之内，即温泉资源自流量还可以支撑风景区内的接待设施使用，尚不存在通过技术手段扩大开采量的使用需求。

表 2.5　从化温泉风景区 1970 年前天然露头流量统计表

泉编号	2	3	4	5	6	7	8	9	10	合计
水温（摄氏度）	48.8	58.5	56	46.5	44	38	54	59	63	
流量（升／天）	19.0	345.6	86.4	60.5	15.6	17.3	51.8	381.5	476.9	1444.7

资料来源：广东省地质矿产局环境地质总站，1990。

三、资源透支下的旅游扩张：1977—1987 年

（一）多级政府共同参与的宾馆大建设

1966 年至 1976 年由于受到"文革"影响，从化温泉的建设几乎停止。1976 年后，随着"文革"的结束，改革开放大方针确定，从化温泉再次迎来开发的高潮。至 1988 年温泉镇成立，从化温泉风景区新投资建设楼宇 43 幢，建筑面积 7.3 万多平方米。与新中国成立初期相比，这一阶段参与从化温泉开发的单位虽然仍然以政府部门为主，但是涉及的政府层级更加多元化，市县一级的政府机构开始广泛参与（见下页表 2.6）。这一波由多级政府共同参与的宾馆建设浪潮一直持续到 1997 年宏观调控开始才告一段落。

表 2.6 1977—1997 年从化温泉建设情况

单 位 名 称	隶　　属	进驻年代
从化中国旅行社客房楼	从化县商业局	1978
红楼	从化县水电局	1979
清音楼	从化县委	1981
温泉展销大楼	广州市经济委员会	1982
邮电修养楼	广东省邮电局	1985
农业银行招待所	广州市农业银行	1985
中国工商银行招待所	中国工商银行	1986
供电招待所	从化县供电局	1986
中国银行招待所	中国银行	1987
省水电疗养院	中央水利部、广东省水电厅	1987
玉溪山庄	广州市公用事业局	1987
陆通山庄	广东省公路管理局	1988
碧泉宾馆	纺织工业部	1988
房管休养楼	广州市房管局	1988
专家村	广东抽水蓄能电站联营公司	1990
侨宏花园	民营	1992
竹溪村招待所	广州白云山制药集团	1994
广州市公路局疗养院	广州市公路局	1994
清安苑	广东省公安厅	1995
景泉宾馆	武警广东省总队	1995
境秀宾馆	广州市环保局	1996
正大度假村	广州市发改委	1997

资料来源：实地调查与企业问卷。

经过改革开放初期 20 年的发展，从化温泉风景区内的旅游接待设施得到大幅扩张，这一阶段的接待设施多围绕温泉出水井的周边布局，建筑密度较高。如图 2.3 所示，从化温泉风景区的建设一开始就是围绕温泉的出水口开始的，率先进入的单位总是优先选择距离温泉出水口较近的区位开发建设，随着时间的推移，后期进入的单位沿着流溪河谷向南北两个方向扩展，由于出水口多集中在流溪河东岸，所以东岸的开发要早于西岸，当东岸开发接近饱和后，之后再进入的单位则多布局于西岸远离温泉出水口的位置。这一围绕温泉出水口的由中心向边缘的扩张过程也正说明温泉资源在此地方发展中的核心地位。至 1997 年止，由各级政府机关所主导的这一波建设潮已经将从化温泉风景区内靠近温泉水井的可用土地开发殆尽。先不论温泉资源是否足够支撑更多的接待设施进入，仅就可用于开发温泉设施的土地而言，从化温泉风景区的开发已接近饱和。

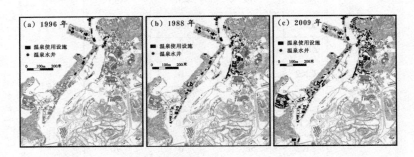

资料来源：实地调查与企业问卷。

图 2.3　从化温泉风景区旅游接待设施的空间扩张

（二）温泉水井的生产过程

1971 年，广东温泉宾馆在碧浪桥头钻孔开采地下热水成功，从化温泉进入了机井开发温泉资源的新阶段。机井开采温泉的好处在于，出资打造机井的单位自然拥有机井的所有权，不再需要与其他单位和居民分享天然露头，而且依靠机井抽水的出水量也远高于其他九处天然露头的自流量。于是，有条件打井的单位纷纷效仿广东温泉宾馆出资打井，至 1986 年，从化温泉总共打造生产井 8 口，其中广东温泉宾馆拥有 3 口，广东省干部疗养院拥有 2 口，军区招待所拥有 2 口，从化中国旅行社（属从化经贸局）拥有 1 口（表 2.7）。随着温泉水井的增多，原先自然涌出的九处温泉露头全部断流。由此，从化温泉资源的开采权被以上拥有温泉水井的四家单位所垄断。

表 2.7　1986 年温泉开采井状况

生产孔所属单位	孔号	水温（摄氏度）	一般开采量（吨／日）	最高开采量（吨／日）	最高开采量（吨／日）
温泉宾馆	水文 2	69	440	465	1249
	ZK9	63	300	344	
	ZK16	72	0	440	
广东省干部疗养院	CK2	58	0	111	384
	ZK10	47	273	273	
军区招待所	ZK12	69	420	420	516
	ZK2	56	0	96	
从化中旅社	ZK5	60	288	339	339

资料来源：广东省地质矿产局环境地质总站，1990。

　　由于四家单位打井时缺乏协调，水井之间距离较近（图2.4），抽水时相互影响的情况十分严重，同一时间段内有的生产井抽的温泉水多了，就会导致其他的生产井抽水量减少甚至掉泵。① 因此，当旅游旺季来临时，各水井持有单位的抽水竞争就异常激烈，为了保证自己的温泉用水量，各单位将原先每天抽水 6—8 小时的生产井 24 小时运作连续抽水，结果有的单位提前将热水抽到蓄水池存放，但由于保温设施落后，热水变成了冷水，而与此同时又有另外 1/3 的旅游服务单位用不上温泉水。在恶性竞争的情况下，从化温泉出现了资源大量浪费和服务质量下降的双重恶果，为了在这场温泉资源的竞争中胜出，驻从化温泉各单位都想通过增开温泉水井的办法提升本单位的抽水能力。愈演愈烈的争水大战引起了社会各界的关注，1987 年 8 月 17 日，省人民政府针对从化温泉风景区内乱打温泉水井的状况作出批示，部分摘录如下：

> 今后任何单位需要在温泉风景区内打井的，必须先报从化县人民政府，经省地质矿产局审核后，转报省人民政府审批。在未探出新的地下热水井增加水源之前，未经省人民政府批准，不准增加新用户，不得对外接用地下热水。你县温泉风景区管理机构可向使用地下热水的单位征收地下热水资源费，用于温泉风景区的管理和建设，收费标准由县物价部门参照全国同类收费标准制定。
>
> ……按照统一的规划进行建设，认真搞好各单位内部的经营管理和环境卫生；服从当地政府温泉风景区管理机构的行政管理，共同把温泉风景区管理好、建设好。（广东省人民政府办公厅，1987）

---

① 大量抽水导致地下水位下降，水泵降深不够会导致抽空，这时离心泵出口压力大幅度下降并激烈地波动，严重时就会导致泵头落入井中。

至此，从化温泉风景区内争相打井的行为得到了基本遏制，从化温泉依靠温泉水井取水的总体格局基本形成。虽然日后也出现过村民和基层政府违规打井的情况，但皆因摄于这份来自省府批文的权威而选择远离地热核心区的外围地区进行，对 1986 年所形成的水井取水格局的影响有限。

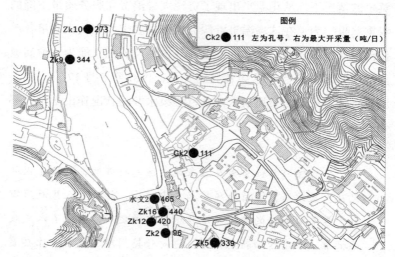

资料来源：广东省地质矿产局环境地质总站，1990。

图 2.4　从化温泉风景区温泉水井布局

（三）温泉资源的萎缩

随着旅游事业的发展，从化温泉风景区对温泉资源的需求日益增加。但是风景区内各温泉水井持有单位各自为政，缺乏协调，尤其在节假日等用水高峰期出现的供水紧张的矛盾日益突出，无水可用对从化温泉风景区乃至广东省的形象影响甚大。为此，1996 年广东省政府对从化温泉风景区提出整治要求，并派出整治工作组进驻从化温泉风景区进行调查。调研小组在进行了为

期三个月的实地调研后，在提交的《从化温泉整治实施方案》中
写道：

  根据各开发单位自查上报资料，温泉地区日平均开采地
热资源总量为 2467 立方米。经工作组初步核实，实际上各单
位正在生产的 12 眼井日均开采量为 3020 立方米。在核查过
程中，我们对各单位拥有 23 眼井中的 14 眼开发井，做了同
时连续 24 小时干扰抽水试验，可获日最大开采量达 4760 立
方米。

  由于目前各开发单位每日平均开采地热矿泉总量为 3020
立方米，已超过了温泉地热田资源探明的最大允许开采量每
天 2488 米，故出现了强化超量开采，致使整个地热田开采井
的水温、水位普遍下降。10 年来，各井水温下降 2.60—13 摄
氏度，个别井达 32.5 摄氏度（ZK8），南部下降 6.6—9.2 摄
氏度，中部地热田中心下降 2.6—7.6 摄氏度，南部下降 6.6—
9.2 摄氏度。全区平均下降 8.8 摄氏度。而各开采井的水位已
由成井时自涌高于地面 1.66—8.39 米，现在普遍下降到地面
以下 16—20.3 米。10 年前没有受到影响的边缘井，现在水位
也比当初下降 5.97 米。调查复核工作成果进一步说明，温泉
地热田因乱采滥采，超量开采，致使全区地热降落漏斗范围
扩大，引起浅层地下水及流溪河水反补给加剧，其结果除使
各开发井水温大幅度下降外，已造成 1986 年圈定的两个 60
摄氏度等值线分布范围内，其中北部一个消失，中部一个向
地热中心区收缩变小。按现有成井数如再增加地热资源的开
采量，其温度、水位下降将进一步加剧。（从化温泉地热开发
整治领导小组，1996）

比照 1986 年与 1996 年的从化温泉地热田 100 米深地下等温线，可以明显发现地热田呈萎缩的态势（图 2.5）。可见，长期的过量开采造成了从化温泉各开采井的水温下降，开采深度逐年加深，严重影响了地热田的可持续开发。

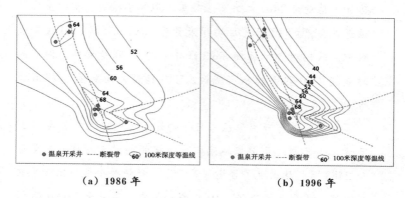

（a）1986 年　　　　　　　　（b）1996 年

资料来源：广东省地质矿产局环境地质总站，1990；从化温泉地热开发整治领导小组，1996。

图 2.5　从化温泉风景区地热资源的萎缩

（四）本地社区与温泉的割裂

从化温泉风景区自改革开放到 20 世纪 90 年代中期的旅游大发展，不仅导致了温泉资源的过度开采，也将本地社区与温泉的联系一步步割裂开来。

在从化温泉风景区进入机井开采年代之前，其他外来者与本地社区分享天然露头涌出的温泉水。无论民国时期官僚阶层建立起的别墅，还是新中国成立后国家机关开办的疗养院，都是通过管道将温泉水引入各自的用水设施，而本地社区则通过肩挑背扛的形式将温泉水引入自己家中。

使用温泉水洗衣冲凉是本地社区一种与生俱来的生存权利，

在引入机井前的发展阶段中不仅没有受到过多的侵犯，甚至得到过某种政治层面的保护。1958 年周恩来总理与夫人邓颖超到从化温泉休养，当得知当时的社员只能在塘边洗澡或打水回家洗后，周恩来总理向有关负责人说："你们在温泉修建了这么多好的房子，随时可以用上温泉水洗澡，温泉地区的老百姓祖祖辈辈住在这里，却很不容易用上温泉水洗澡，我和小超感到不安！"随后，周恩来总理带头捐出 200 元人民币，提议捐款为温泉村民建造洗澡房。不久，广东省有关部门就拨出一笔专款和建筑材料，帮助温泉地区建造了浴室。周恩来总理还从北京派人前来温泉参与浴室的选址和设计。一年后，150 平方米的浴室建成，分装了冷热水管，可同时容纳 50 多人洗澡。这座在周恩来总理关心下建造起来的浴室不仅改善了当地村民使用温泉水洗澡的用水条件，更重要的是，它成为保障本地村民使用温泉水的一种政治标志。

但是，浴室建立起来容易，管理维修起来则难，浴室归温泉大队管理，但大队并无充裕的资金和技术对浴室进行维修，经过十几年的使用，供水设施出现了问题并于 1970 年中期停止使用。此时，因为机井开发已经造成天然露头全部断流，浴室关闭后本地村民便再无温泉水可用。鉴于事发时正值"文革"期间，控制温泉水井的几家大单位又都有省里的背景，村民一时间也不敢公开反映。但是，当时的情况是温泉村有不少村民在广东温泉宾馆与省疗养院等大单位工作，作为这些单位的员工，宿舍里是有温泉水供应的。因此，这些村里的员工就私自带亲友到员工宿舍里洗温泉水澡，时间一长，成群结队到员工宿舍洗澡的村民与其他外地员工出现了冲突。问题出现后，这几家国有大单位也觉得十分为难，温泉村民世代居住于此，用温泉水洗澡天经地义，现在因为机井开发导致村民无水可用，事情如果闹大，这几家单位也确实有些道义上的责任。后经民主协商，决定由广东温泉宾馆对浴室进行一次全面维修，修好后交给温泉大队管理，今后由疗养院负责供水。

但是这样的局面也没有维持多久，公共浴室最终还是由于用水紧张在 1980 年左右停止了供水，为了安抚当时的村民，几家持有温泉水井的大单位拿出一笔资金用于温泉镇的自来水改造工程，以此作为对温泉村停止供温泉水的补偿。虽然村里人对这一解决办法不太满意，但鉴于这几家单位的背景太硬，要争取继续免费供应温泉水的难度确实太大，也就只好作罢。从此，温泉村民便再无免费的温泉水可用。

图 2.6　建于 20 世纪 50 年代的温泉村公共浴室

（作者摄于 2016 年 3 月）

四、温泉镇政府的尴尬：1988—1991 年

（一）温泉镇政府的诞生

从化温泉风景区在新中国成立之后数次接待中央领导人和各

国来访政要，一时间成为世界闻名的温泉疗养胜地。基于从化温泉显要的政治地位，对处于不断扩张中的从化温泉风景区进行统一的管理显得尤为重要，这一点是省政府到地方政府的共识。

为了加强管理，广东省委办公厅于 1978 年发出《关于成立从化温泉管理区的通知》，并在这之后下达了 25 名编制指标，拨出开办费 4 万元，由从化县委抽调 9 名干部开展从化温泉管理区的筹备工作。当时的从化县委接到指示后迅速抽调人员进入温泉地区开展工作，但是这个由县委组织起来的筹备工作小组的工作远比设想的要艰难，不到两年时间，这个筹备小组就陷入了进退两难的境地。1980 年 9 月，筹备小组向从化县提出撤回温泉管理区筹备小组抽调人员回原单位的报告：

> 县委根据省指示精神，决定成立温泉管理区筹备小组，计划筹备就绪后，正式成立温泉管理区。由于原定温泉管理区体制是属县下辖区，镇一级党委和政权机构，要统一管理、规划、建设好温泉地区，以适应旅游事业的发展，因而要接受省、市、县多重领导和指挥，党委和革委的主要负责人和成员，由县和温泉地区各主要单位的主要负责同志兼任，组成一个实际是联合的领导机构。但这个地区的实际情况是，地盘属大队、生产队、现有机构、企业，军区、省、市、县、公社、大队、生产队均有，其中主要单位属省，投资经费和利润上缴各直接本身上级单位，不归县财政计划，省、市、部队单位的党政关系均不属县。由于这样情况，决定成立温泉管理区，想管理和建设好这个风景区，就出现很多矛盾不好解决，有些脱离现实。
>
> 好像温泉管理区非常重要，多头领导，省、市、县都管，最后无人管；由于体制不适应，管理和收益不统一，而此财

政制度又实行各级包干，建设风景区需要投资又比较大，最后谁也不拿钱，经济无着落，什么事情也办不成。（从化县人民政府，1980）

从化县委在批复中以"设温泉管理区属省领导的决定，县委不能轻易将筹办人员撤回"为由不允许筹备组撤回原单位，对于亟待解决的经费问题，县委建议筹备小组"可用县政府名义写一报告给省人民政府办公厅，要求给予安排解决"。可见在当时财政分级包干的情况下，温泉地区单位林立，且很多地盘为省属单位占用，要想在财政上实现统一管理，从化县政府确实有心无力，而临时成立筹备小组也只是为了应承来自省政府的指示，筹备小组遇见的问题可能早就在县政府的预料之中，只是等待问题真正出现，再将事实上秉，既没有在一开始扫了上级领导的兴，也可在最后用事实说话，让上级领导明白从化温泉统一管理的难处。如此，由从化县组成的温泉管理区筹备小组靠着省里的一份文件和4万元的开办费用苦苦支撑了两年，工作期间连办公地点和干部住房都是从广东温泉宾馆租用，到最后也只好草草收场了事。

这件事情也让省政府明白了管理从化温泉风景区的复杂性，单凭从化县政府的力量去收拾目前从化温泉风景区内各自为政的局面恐非易事。1982年，广东省人民政府成立"广东省从化温泉风景区协调小组"，并同时成立"广东省从化温泉管理委员会"，管理委员会由风景区内有关单位负责同志组成，但"归省人民政府办公厅和县人民政府领导，以省人民政府办公厅为主"。并规定"管理委员会的临时办公地址和宿舍，由温泉宾馆安排解决，管理委员会的行政经费，由省财政拨给"。与前次不同的是，这次管委会直接由省人民政府领导，更加重要的是其背后多了一个"广东省从化温泉风景区协调小组"，从以下协调小组的成员名单可以看出，这个协调小组不仅包括了省政府的领导，也将从化温泉风景区内主要省属单位的领导纳入其中，这为管委会日后开展工作提供了极大的便利。

广东省从化温泉风景区协调小组成员名单（广东省人民政府，1982）：

李××　省人民政府副秘书长

毕××　广州市人民政府副秘书长

仇××　省人民政府办公厅副主任

陈××　从化县县长

董××　省机关事务管理局副局长

巩××　省人民政府交际处处长

侯××　从化县水电局局长

肖××　广州军区温泉招待所所长

夏××　省人民政府办公厅副处长

刘××　温泉宾馆经理

刘××　温泉公社党委副书记

这个由省政府直接领导的管委会至今都被认为是最适合从化温泉实际情况的管理架构。

只可惜不到三年时间，省政府又提出设立温泉镇直接管理从化温泉风景区的管理方案，温泉镇成立之后"广东省从化温泉管理委员会"即宣告撤销。由于温泉镇政府归属从化县政府直接领导，这一管理体制又回到了之前困难重重的筹备小组的状态之中。唯一的区别是，在"广东省从化温泉管理委员会"的前期工作中，理顺了从化温泉风景区内的财税权，形成了"镇内一切单位（包括中央、省、市、县单位）向国家上缴的税收，统由镇政府税收部门征收，上缴财政，所征税款按规定留成的余额，用于发展镇内公共事业"的财税管理办法。这一点是之前的筹备小组所无法完成的。由此亦可见省政府当初成立协调小组，并直接管理委员会的初衷并不是希望由省政府直接管理从化温泉风景区，而只是通过省政府的权威帮助该地区建立统一的管理体制，之后再将管理权授予从化县实行属地管理。

（二）镇政府的财政困境

在省政府的一手操办之下，肩负管理从化温泉风景区重任的温泉镇政府得以成立。但当面对蓬勃发展的从化温泉风景区，一系列公共事务等待这个新成立的温泉镇政府去办理，经费问题再次成为困扰从化县政府的头等难题。1987 年 6 月，从化县政府再次向省政府提出三点请求：（1）请省政府专门就下放温泉风景区管理权问题发文，明确规定风景区的行政管理权属从化县温泉镇政府；（2）请省政府核定编制，定补行政管理和市政建设经费，确定温泉风景区管理机构定编人员 25 名及今后每年的温泉风景区市政建设资金两项合计每年需定拨 276550 元；（3）请省政府一次性拨款支持从化温泉镇的总体规划、新建温泉镇办公大楼、新建农贸市场、整治河堤工程、市政配套工程 5 项计 145 万元。

面对从化县政府的请求，省政府并未如数照办，其批复如下：

（1）你县温泉风景区管理机构的定额人员编制，将由省委另行下达。原管委会的七名干部、职工和四名临时工，移交你县管理。人员经费由我厅每年补助四万元给你县，直至1990 年为止。

（2）原管委会财务账户上的余款36万元无偿划给你县，专项用于温泉风景区的规划和整治河堤、河道等建设，其中涉及的债权债务，由我厅负责处理。

（3）原管委会的宿舍一栋、丰田牌九座面包车一辆、办公用具等财产以及有关的温泉风景区规划资料一律登记造册移交给你县，继续用于温泉风景区的管理，在你县温泉风景区管理机构新的办公地点未建成前，可暂借用原管委会的办公地点，但借用时间不能超过1990年。（广东省人民政府办公厅，1987）

这份批复打破了从化县政府希望省政府无限期资助温泉镇工作的想法，来自省政府的资金和其他照顾政策到1990年将完全结束，之后的温泉镇必须依靠县政府的财政支持或者另觅出路。问题在于，温泉镇虽然拥有了代收从化温泉风景区内所有企业税金的权利，并可以"按规定留成的余额，用于发展镇内公共事业"，但仅靠这笔费用要解决区内的公共事务谈何容易，如新建温泉镇办公大楼、新建农贸市场投资、整治河堤、治理流溪河污染、区内市政配套工程等，每一项都需要大量资金的投入。

无奈之下，从化县于1990年7月1日起开始在温泉风景区内收门票，以此补贴公共事务的需要。为了照顾区内省属单位的情绪，特意规定"各单位前来风景区视察、执行公务或疗养的人员，由温泉风景区管理机构发给通行证，免费进入"，尽管如此，此举仍然激起了区内几家省属单位的强烈不满，广东省干部疗养院和广东温泉宾馆在收费实行的当月即状告省清理"三乱"办公室，要求上级严肃查处温泉镇的"乱收费"问题。

为了平息区内几家省属单位的意见和来自民间的压力，之后从化县"统一对广东温泉宾馆、省疗养院等单位给予优惠，对区内单位车辆统一发放优惠证，每辆汽车半年仅收 30 元，而居住在区内的干部、职工、农民凭通行证免费出入，省、市驻风景区的疗养服务单位的车辆装载乘客，也不收费"。调整收费措施之后，考虑到从化温泉风景区作为景区收费并非完全不合理，而省府"断奶"之后其确实存在较为严重的市政建设资金缺口，一时之间难以凑齐，为保证温泉风景区的各项工作能够顺利开展，也为免去经常性找省府需求支持的麻烦，省府相关部门并未按"乱收费"问题处理温泉风景区收门票的行为。

不过，由于从化温泉风景区确实与一般风景区不同，区内可供游人观赏的景点甚少，主要是宾馆及温泉疗养的场所，这种硬性收取门票的做法，时间一长也实难得到社会舆论的认可，1993年从化县政府又下令撤销了收费点。

（三）难以收归的温泉水权

温泉镇之所以在发展区内公共事业时束手束脚，不仅是因为其与区内省属企业的权力关系不对等，更加重要的是它失去了风景区内核心资源——温泉水的控制权。早在温泉镇建镇之初，从化县政府就向广东省政府要求赋予对区内温泉热水实行统一调剂的管理权（从化县人民政府，1986）。当时省政府并未正面回应从化县的这一请求，同时要求"今后任何单位需要在温泉风景区内打井的，必须先报从化县人民政府，经省地质矿产局审核后，转报省人民政府审批"。并同意温泉镇"可向使用地下热水的单位征收地下热水资源费，用于温泉风景区的管理和建设，收费标准由县物价部门参照全国同类收费标准制定"。

随即温泉镇政府便拟定了温泉资源的收费标准：

用水限额标准：单位干部、职工每天每人 0.1 立方米，宾馆、招待所，每天每张床位 0.5 立方米。

收费标准：限额标准以内用水，每立方米 1 元，超过限额部分每立方米 2 元。（从化县人民政府，1988）

但是，经过一段时间的收费管理之后从化县发现，表面上各水井持有单位象征性的缴纳资源费给温泉镇政府，暗地里却以更高的价格将温泉水卖给其他的用水企业。更为重要的是，温泉镇政府只有负责收取资源费的权力，而没有办法指导温泉水的实际使用，这对地方政府指导地区发展造成了极其不利的影响。没有温泉资源在手，政府在一切与地区发展有关的事物中都失去了话语权。1989 年从化县再次请示省政府，希望将目前从化温泉的几口温泉水井移交温泉镇政府统一管理，与上次不同的是，省政府此次明确表明反对从化县收归温泉井管理权的要求：

省人民政府意见，从化温泉风景区开发以来，一直以接待领导同志及疗养为主，根据目前的情况，这一方针暂不宜改变，现有资源应主要保证省、市、县接待单位的需要。由于热水井都是产权单位经批准后自行投资开发的，不宜移交给镇人民政府统管。（广东省人民政府办公厅，1989）

经过几轮的报告往复，从化地方政府心里清楚，由镇政府实现风景区温泉资源的统一管理几乎成为不可能完成的任务。此后，虽然温泉资源管理混乱被一致认为是造成从化温泉风景区发展失序、问题不断的症结所在，但是从化地方政府再也没有就收归温泉资源管理权的问题向省府做过申述。

五、陷入混乱的改革时代：1992—1997 年

（一）土地征用潮

1992 年邓小平同志的南方谈话是对中国改革开放前期工作的肯定。"步子可以放得更快一点"的说法更加坚定了从中央到基层改革开放的信心。开发建设与经济发展成为 20 世纪 90 年代初期整个中国的主旋律。

在这样的政策背景下，从化温泉风景区也迎来了新一轮的开发狂潮。来自港澳特别行政区、中国大陆等不同的投资主体都在 1992 年同时入驻从化温泉风景区，其开发规模超越了历史上的任何一次集中开发，据统计，仅温泉村在当年的开发热潮中就被征用掉土地 645 亩（包括山地）。加上当年未征待征的用地数量，温泉村在这一波开发中总共被征用了 895 亩土地（从化市人民政府，1995）。表 2.9 是 1992—1995 年温泉村被征用土地的状况。

值得注意的是，由于从化温泉风景区已经开发多年，广东温泉宾馆、广州军区接待处、广东省干部疗养院已经占据了大片可用于建设的用地。1992 年征地过程中全镇共出让、划拨土地 3624 亩（其中已办手续的 2624 亩，正在办理的 1000 亩），占全镇总面积的 8.6%（从化县人民政府，1993a）。除了山地、林地外，耕地也成为征地的主要目标，如图 2.7 所示，1992 年从化温泉风景区的耕地面积减少了 325 亩，占前一年总耕地面积的 44.7%，被征用的耕地面积占总征地面积的 36.6%。在短短一两年时间内，开发建设的热潮使得从化温泉风景区内的耕地面积减少了四成多。

表 2.9　1992—1995 年温泉村征地统计

（单位：亩）

经济社名称	已征用	待征用	征用合计
上围一社	69.929	22	91.929
上围二社	143.781	0.7	144.481
大围一社	30.129	—	30.129
大围二社	30.741	—	30.741
大围和平社	15.319	87.925	103.244
菜场社	71.578	10	81.578
新围社	65.379	83.916	149.295
冲口社	94.835	—	94.835
沙岗一社	29.32	6.12	35.44
沙岗二社	34.039	12.354	46.393
沙岗三社	26.368	15.621	41.989
沙岗四社	34.071	10.828	44.899
合　计	645.539	249.524	895.063

资料来源：根据从化市档案局档案整理。

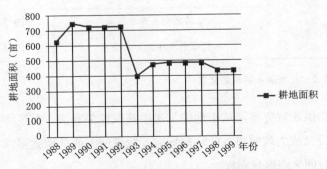

图 2.7　1988—1999 年从化温泉风景区耕地面积变化

征地过程造成的耕地流失之所以没有在从化温泉风景区内引发社区居民的不满，是因为早期的开发已经使当地百姓习惯于从旅游业中寻求出路，对农业的依赖程度不断降低。另一方面，政府征地过程中有10%的土地返还当地村委会，这些可用于投资建设的用地在当时十分紧俏，远比其作为农业用地的价值要高。当时的镇政府与村政府的主要工作就是征地和引进开发项目，征地与转让所带来的利润成为村镇两级基层政府的主要收入。为了能更加方便直接地参与到地产及各项事业的开发建设过程之中，当时的从化温泉村镇两级政府成立了一系列的镇办企业和村办企业（表2.10），这些公司有的是村镇独资的，有的是与外资合资。这些公司凭借村镇手头上掌握的土地资源与外资进行交易，赚取丰厚的土地收益。

表 2.10　20世纪90年代初温泉镇和温泉村成立的村镇企业一览表

公司属性	公司名称	开办年代
镇办企业	从化温泉四海房地产开发有限公司	1993
	温泉镇园林绿化公司	1993
	从化温泉镇对外经济贸易公司	1993
	香港永利实业有限公司	1993
村办企业	从化温泉实业开发公司	1993
	从化温泉房地产开发公司	1993

资料来源：根据温泉镇档案整理。

当供求双方都能从土地的买卖中获取巨额利润，而经济发展与建设又成为政府事务的风向标时，数量惊人的征地就得以在极短的时间之内顺利完成。

（二）违规打井

在 20 世纪 90 年代初期强烈的投资冲动下，拿到土地资源后开发者的下一个目标就是温泉资源。因为无论在从化温泉风景区内开发什么样的项目，如果不能用上温泉水，就难以保障其利益，换言之，温泉资源也是这些外来资本进驻从化温泉风景区最为看重的投资条件。投资者在与政府洽谈投资计划时，往往会向地方政府提出温泉水的要求，因为在外界看来，温泉属国家资源，理应由国家管理。但是，从化温泉风景区的情况是镇政府并没有掌握温泉水，即便是从化县政府也只有其经贸局属下一口温泉水井而已，供应几大关系户已应接不暇，根本不可能再拿出多余的水供后来的开发者。更多的温泉水资源还是掌握在广东温泉宾馆、广州军区接待处和省干部疗养院手中。因此，任何投资者到温泉搞开发，镇政府首先要帮助其联系上述三家控水单位，协调好供水事宜之后，才好开展其他方面事项的谈判，这无疑使镇政府在当时的招商引资过程中非常被动。

温泉镇政府多番受阻之后，这些苦还无处可述。从化县政府的处境和温泉镇差不多，让县里出面解决，县里也拿不出办法来。要让省里去解决，这些大单位的"后台"都是在省里，之前要求收归温泉水管理权的报告不是没打过，省里明显有维持现状的意思。但是，没有自己的温泉水，招商引资的工作难度太大，影响面太广，在此情景之下，镇政府决定自己打井。

聘请省里的专业钻探队，花销了几十万元的开支，一口属于温泉镇的水井打成了，因为镇政府的打井行动是没有通报从化县和省政府的，因此，他们的井选择在镇政府的门口，远离地热的核心区，打出来的水虽然是热的，但温度不高，只有 40 多度。但总归拥有了自己的温泉水井，之后镇政府将水井交由温泉镇供水公司管理，不少开发者之后更是从供水公司直接供温泉水使用。

温泉镇此举无疑激起千层浪。

随后，温泉村以恢复本村居民温泉水洗澡权利的名义，花了几百万在村内打了四五口井，但因为选址问题，很多水井的出水温度不高，甚至连 40 度都不够，冬天洗澡都觉得冻。

眼见打井之势愈演愈烈，从化温泉风景区内的省属大单位即刻上报省府告之此事，1993 年 8 月省政府下文通知从化县政府：

> 但近两年，由于从化风景区新建单位多，一些单位没有办理任何手续，未经批准进行打井。最近，温泉镇大围村委会在温泉宾馆范围内的河东水塘边安放打井的钻探工具，架起钻台，未经批准，又准备打井。上述情况虽是个别现象，但如不制止，很可能竞相效尤，造成温泉热水资源的严重破坏。为此，请你县按省政府文件规定精神，采取有效措施，责成有关单位，立即制止擅自打井的行为，将处理结果向省办公厅书面汇报。（广东省人民政府办公厅，1993）

从化县政府随即通知温泉镇政府落实指示，村里正在施工的水井工程被叫停，但之前镇政府和村里已经打好的水井并不过问。自此，村里和镇政府总算是拥有了自己的温泉水井，虽然后来因为水温太低，最终还是废弃了，此为后话。

（三）混乱的供水格局

在从化温泉风景区内，除了广东温泉宾馆、广州军区接待处、省干部疗养院和从化中旅社（归从化市经贸局管）这四家水井持有单位以外，其他单位都没有温泉的采水资格，只能通过各种途径从前述四家单位得到温泉水。由于缺乏统一的管理机构，从哪家单位供水，怎么供，完全是供求双方自己协商的结果，在这场供求的博弈之中，各方神仙各显神通，花样百出。

较早年代进驻温泉镇的企业多半带有官方的背景，通过后台与后台的沟通，通过"批条子"供水的情况比较常见。供水方只承诺供水，而供水管道则由用水单位自行修建。镇政府在供水管网形成的过程中再次缺位，这也是导致从化温泉风景区内供水管道交错纵横、年久失修的主要原因。从化温泉风景区的供水格局在 90 年代初期已经基本形成（表 2.11），而当时连接在供求双方之间的往往是背后的官方在互相沟通。

表 2.11 从化温泉风景区供水格局

供水单位	用　水　单　位
广东温泉宾馆	金龙酒店、竹庄别墅、安城山庄、温泉派出所
广州军区接待处	陆通山庄、粮贸假日酒店、新之泉宾馆、正大度假村、东溪宾馆、翠岛山庄度假村、清音酒店、万丰酒店、恒运培训中心、境秀宾馆、侨宏花园、望谷度假村、名景酒店、财富酒店、玉溪山庄、绿泉宾馆、专家村
省干部疗养院	鸿辉假日酒店、老干部综合服务中心、电力山庄、北溪、湖景酒店、怡东楼、天成宾馆、广州工伤康复医院
从化中旅社	圣泉酒店、碧泉大酒店、专家村

资料来源：企业问卷。

温泉水使用单位的逐年增多也使得四家供水单位要想方设法的增加温泉水的开采量，扩大抽水管径，由浅水泵换深水泵，围绕采水的竞争在暗地里激烈的进行。尤其是到了冬天，各家各户的用水需求都很大，抽不够水成了普遍问题。

此后，法国专家村断水的事故被南方某著名媒体报道，揭开了从化温泉资源危机的疮疤。

1992 年，广州蓄能电站作为广东省的重点工程在从化开工，期间来自法国的建设专家被安排到从化温泉风景区的专家村居住。12 月 28 日，负责供应专家村温泉水的从化中旅社水井出现掉泵，专家村断水。法国专家显然难以接受在新年即将到来之际连温泉水都用不上的现实，次日法国专家宣布罢工。此事立即引起了广东省府的高度重视，31 日，省府副秘书会同从化县委县政府在从化温泉风景区召开紧急会议，商议解决此次事故。本着"外事无小事"的原则，会后决定"为保证专家村法国专家的用水，从 12 月 31 日晚开始至 1 月 2 日晚 12 时止，温泉宾馆每天停机两个半小时，由广州军区抽水供应专家村"。

此事经媒体报道后，演化为从化温泉资源枯竭的传言，一时间造成了极其恶劣的后果。次年，从化温泉的游客接待量出现大幅下滑，并由此进入了好几年的低迷期。

图 2.8 从化温泉的输水管道

(作者摄于 2009 年 3 月)

（四）大整顿

改革开放的浪潮下，从化温泉风景区以史无前例的速度推进着风景区的开发进程。1992 年一年出让了全区 8.6% 的土地，截至 1993 年，区内共建成接待单位 50 多家，有宾馆、酒店、疗养院等设施 330 栋、5000 间客房、10000 多个床位，其中涉外宾馆、酒店 26 家。1992 年接待游客总人次已达 102 万，其中有组织地接待港澳和海外游客 40 万人次（从化县人民政府，1993b）。同年，从化温泉风景区申请成立省级旅游度假区。

而在这一派欣欣向荣的开发景象之下，屡屡违背总体规划的开发布局混乱，污染治理不利，温泉资源缺乏统一管理，城镇社会治安恶化的问题日益突出，以至于每一个六七十年代到过从化温泉的人再来之后都会发出阵阵感叹。1993 年省人大常委会主任林若给省、市、县主要领导去信反映从化温泉风景区的问题，随即从化县政府勒令温泉镇政府严格按照总体规划对不符合要求的建筑执行改建或推倒，并对全县土地出让进行了全面清理、登记，召开了土地管理会议，制定了土地管理出让转让暂行实施办法，重新规定了先立项后审批的程序。这一严格限制镇政府权力的举措实施后，暂时遏制住了从化温泉风景区过度开发的势头，但是对于已经投入建设的开发项目仍然束手无策。

1997 年，省政协再次点名批评从化温泉，并将一份题为《澳门人士呼吁救救从化温泉风景区》的报告递交省委。以下为此文全文，从中可见当时风景区的混乱局面：

澳门人士呼吁救救从化温泉风景区

最近省政协邀请澳门工商界人士访问团来粤访问，期间安排游览了从化温泉。访问团对温泉风景区的脏乱差提出了批评意见，呼吁救救从化温泉风景区。

访问团团长、省政协常委陆昌说，从化温泉是著名的游览和疗养胜地，10 多年前，他到此参观，流溪河两岸山清水秀、鸟语花香，使人流连忘返。这次重游，昔日宁静、幽美的风光不再，代之的是杂乱的建筑、喧闹的噪音，一片脏乱差的景象。访问团成员指出，温泉风景区存在两个突出问题：

一是缺乏统一规划。温泉景区内和流溪河两岸新建了不少宾馆、酒楼，这些建筑大多式样陈旧，风格呆滞，布局混乱无章。沿途见到许多停工的"烂尾"楼、别墅群。由于乱修滥建，造成水土流失，河床升高，河水浑浊，严重破坏了流溪河两岸的生态环境。

二是管理混乱。据了解，从化温泉目前是镇建制，由从化市和温泉镇管理。当地人反映，温泉风景区是"有人收钱、无人管理"，不仅环境卫生差，而且"黄色行业"发达，形形色色的发廊、美容院、按摩院林立。在天湖景区，卖蜜糖的小贩，对游客胡扯蛮缠兜售，甚至乘着摩托车尾随游客上千米，大有不达目的决不罢休之势，这种不文明经营令人游兴大扫。

访问团吁请省有关部门，对温泉风景区的建设予以高度重视，要加强领导，并重新明确其主管部门，统筹规划，严格管理，对突出存在的脏乱差进行大力整治；要采取有效措施，治理水土流失、保护流溪河两岸的生态环境，使温泉风景区成为名副其实的旅游、度假、疗养的胜地。

(广东省政协三胞办，1997 年 5 月 7 日)

这份政协的报告也揭开了从化温泉风景区大整顿的序幕。在治安管理方面，镇政府把全镇分成十个区域，镇四套班子分片包干，协调各职能部门重点清理街边的乱张贴、广告牌、占道经营等，清拆景区内的违章建筑，多次召开景区店档业主会议，提倡文明经商。此外，镇政府专门组织城监、工商、公安等执法部门对风景区进行综合整治，与当年全国性"严打"斗争相结合，由镇综治委牵头从 5 月起用了一系列的管理规定，《关于摩托车搭客的管理规定》《对服务、娱乐等行业的管理规定》《对出租屋、发廊的管理规定》《环境卫生管理规定》等。针对风景区外流人口较多，治安问题较复杂的特点，温泉镇召集镇属及驻镇单位的领导召开会议，决定从 1996 年起镇政府与各单位党政一把手签订治安管理责任书，从而加强各单位领导对治安问题的重视。从 1997 年起，安排警力实行 24 小时巡逻，并对"拉客仔"现象作重点整治，其他治安问题也有了较大的好转。在治理污染方面，市镇两级财政共投入 38 万元资金，整治下水道，解决下水道淤塞问题。在广州市政府的支持下，温泉镇政府要求区内的旅游、饮食单位必须在 1999 年 6 月前分期分批安装埋地式无动力生活污水净化装置，所在生活、饮食业的污水必须经过净化才能排放。针对温泉风景区水土流失最严重的是温泉高尔夫球场，镇政府责令球场管理公司尽快在场内恢复绿化，修建挡土墙及排水渠，整治水土流失。

这一次的整治工作之所以能全面展开，一方面与来自省政协的压力有关，另一方面因为当时从化已归属广州市管辖，广州市直接参与整治，在资金上得到了保障。借此次整顿的机会，从化市政府在《关于温泉风景区管理的情况报告》中旧事重提，将目前温泉风景区问题的症结归咎于温泉资源没有实现统一管理之上，并提出由温泉镇政府对温泉资源实行统管的要求（从化市人民政府办公室，1997）。只是结果依然如旧。

六、新机遇与老问题：1998 年以后

（一）大规模改制

中央政府从十四届五中全会提出国有企业战略性改组到十五届四中全会通过《中共中央关于国有企业改革和发展若干重大问题的决定》，基本确定了"抓大放小"的国企改革大方针。各级政府层层落实中央的决议，出台具体改制方针，1999 年广东省发布《中国广东省委关于贯彻〈中共中央关于国有企业改革和发展若干重大问题的决定〉的意见》，2000 年广州市政府发出《广州市国有企业改革转制有关审批程序的通知》。至 2004 年底，广东省实现产权制度改革的国有企业有 10778 户，以各种形式完成公司制改造的达 90%，国有中小企业改制面超过 85%（广东省政府网站，2005）。

由于从化温泉风景区建设过程中，政府机关自办的宾馆设施占据了主要成分，在这场抓大放小的国企改革中，从化温泉风景区内大大小小的招待所、宾馆几乎无一例外地成为改制的对象。在改制过程中，控制大部分温泉资源的广东温泉宾馆、省干部疗养院、广州军区接待处因分属省府、省政府和广州军区领导，性质特殊，改制过程中受到的影响较小。

从化市所属中旅社也发生了改制，其中水井所归属的温泉商业服务公司也于 2000 年开始转制。转制前，2000 年温泉商业服务公司全部职工总人数 73 人，其中退休 27 人，在职固定工 32 人，合同工 14 人，在职职工累计实折工龄 867 年。在转制前的 1997—1999 年三个年度连续盈利，根据其 2000 年 7 月的《资产

负债表》数据，企业全部资产总额为 1272.1 万元，负债总额为 507.8 万元，企业资产净值 758.1 万元（从化市人民政府，2000）。后经过资产评估后 2005 年以 184.4 万元转让给了广州圣泉酒店有限公司（从化市人民政府，2005）。之前由温泉商业服务公司管理的温泉水井目前也一并交由圣泉酒店代为管理，但水井的所有权并未移交，仍由从化商贸局所有。

温泉商业服务公司的转制过程在从化温泉风景区具有典型性。在历经好几年的转制过程中，许多之前经营绩效不错的宾馆、招待所，在转制中疏于管理，设施设备年久失修，最终资产严重缩水，最后以极低的价格出让给私人。如今的从化温泉风景区内常能见到一些倒闭关门或正在重新装修的酒店，都是处于转制中或刚刚完成转制的景象。

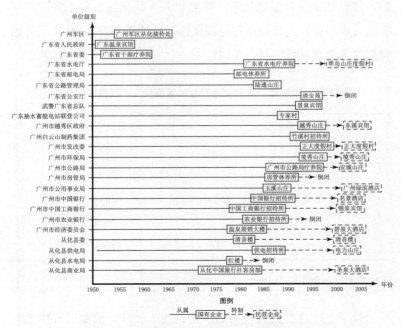

图 2.9 从化温泉风景区内宾馆改制过程

当然，也有转制过程中依然能够保持稳定经营的，只是比例很小。

（二）民营资本带来新的发展

从化温泉风景区在 1998 年之后发生的大规模转制在一定程度上为民营资本进入铺陈了道路。但是导致民营资本大规模进入从化温泉风景区的主要原因是兴起于 20 世纪 90 年代末期的温泉旅游热潮。

"珠海御温泉"等户外温泉产品的成功开发，不仅打造了一种完全区别于以往温泉入户的产品类型，更重要的是，它引导了温泉消费的潮流，温泉旅游一跃成为广东省内最受欢迎的大众化旅游产品。加上从化温泉风景区成名已久，从化温泉的水质在广东省内首屈一指，其区位条件也属上乘，民营资本在 2000 年后开始频繁注入温泉风景区（表 2.12）。

表 2.12　2000 年以来从化新开业的规模较大的民营温泉企业

民营企业名称	开业年份
仙沐园	2002
北溪度假村	2006
望谷度假村	2007
财富酒店	2008
万丰酒店	2008

资料来源：企业问卷。

除了上述这些投资较大的民营企业入驻外，改制过程中大量既有的宾馆、招待所以各种方式转让后也成了私有资产，成为民营资本的一部分，只是这部分民营企业往往设施设备落后，经营状况不佳。值得一提的是，广东温泉宾馆、省干部疗养院虽然没有进行转制，但最近几年也开始通过承包经营的方式将自己的属下的一些物业转给私人经营，分担自己通盘经营风险。

纵观整个从化温泉风景区，1998 年之后的改制至今，已经改变了以往风景区内以国家机关下属单位为主的企业形态，民营资本成为了风景区内的主要力量。

对于从化温泉风景区而言，后期进入的这些规模较大的民营企业在很大程度上带来了风景区的一次新的发展，新的旅游产品的落户，再次将游客带回从化温泉风景区。但是，这些民营企业的发展也并非一帆风顺，尤其是目前从化温泉风景区内复杂的供水关系是他们投资之前所料想不到的。作为后来者，为了从本已紧张的用水格局中分到一杯羹，几乎每一家民营企业都经历了一番波折。

以望谷度假村为例，2006 年望谷准备进驻从化温泉风景区之前，先与温泉镇政府进行接洽。原先温泉镇政府名下有一口温泉水井，这口水井一直由温泉镇供水公司管理，并同时负责给风景区内的另外两三家单位供水，供水公司 2000 年转制后成为民营公司，水井在转制中也一并转让给了民营企业。经温泉镇政府介绍，望谷度假区与供水公司达成水井转让协议，出价几十万从供水公司购得了温泉水井水权，之前由供水公司负责供水的企业水井转让后转由望谷度假村为他们供水，水资源费也转由望谷度假村代收。本以为大功告成，怎料这口温泉水井的水温偏低，转让之初尚能凑合着用，近年来水温严重下降，抽上来的水连 40 度都不到，完全无法使用。望谷无奈之下，只好再与广州军区接待处协商供水事宜。后经讨价还价，军区答应出租一口水井给望谷，每年收取 30 万的租金，平日此井由望谷自己管理。虽然中间花了不少冤枉钱，但望谷温泉水的问题总算得以解决。

民营企业在近年来从化温泉风景区复苏发展的过程中起到了至关重要的作用，就民营资本有利于本地经济发展这一点来看，地方政府本应给予政策扶持和资源供给上的保障，而事实却非地方政府所能掌控，因为资源掌握在省属几家大单位手上，各家民企在获得温泉资源的过程中屡屡遭受价格勒索，地方政府却只能干瞪眼。

（三）收不到和不敢收的温泉资源费

从化地方政府对于从化温泉风景区温泉资源的管理，除了经贸局手上拥有的一口温泉水井之外，主要是通过征收温泉资源费来体现。

风景区内温泉资源的使用在 1986 年《矿产资源法》出台之前是免费的，《矿产资源法》出台之后，从化温泉风景区开始向用水单位征收温泉资源费。最初，温泉资源费由温泉镇供水公司代收，由于风景区内几乎家家单位都使用到温泉水，但是没有安装水表，具体使用多少温泉资源难以核查，要每家每户的安装水表，工作难度也很大。而且很多用水单位不配合供水公司挨家挨户收资源费的做法，以"我们这里没有水，用的都是别人的，你们应该找有水的单位去收"为由拒不配合。后来供水公司与控水的四家大单位协商后，决定日后由四家大单位每年上缴温泉资源费到供水公司，其他使用单位则将温泉水费上交给负责为其供水的大单位。通过这种方式，温泉资源费算是收上来了，只不过这四家大单位具体用了多少温泉水，供水公司也无法知晓，到该交水费的时候上门去催，多则一万，少则几千，打发了事。

时间一长，温泉资源费的收取工作已然成为一种形式，每年大概一万元的资源费，四家控水单位也乐于缴纳，缴纳了温泉资源费，其取水的权利在某种意义上就可算作得到了政府部门的认可，而其将温泉资源售给其他单位所得水费远远超过其缴纳的费用。

后来温泉镇供水公司转制，温泉资源费转由从化国土部门统一收取，情况也是一样，国土部门也不去甄别控水单位所缴纳水费是否与其销售水所获收入匹配。一来从化国土部门收缴资源费按照国家规定直接进入国库，上缴中央财政，多收一点少收一点他们并不关心，即使他们愿意认真，也不一定能查的出究竟；二来时间一长，收费的和缴费的人彼此都成了朋友，之间经常开玩笑说：

> 你们部门有接待，省市来了领导，直接带到我这里，提供房间，提供吃、住，到时自己走，不用给钱，反正公家的。到时候补偿费就算了，不收了。
>
> （从化市国土局某官员转述，2009 年 3 月 30 日）

但是，长期如此，从化国土局的人心里面也不踏实。毕竟从化温泉风景区内的温泉资源开采单位到现在为止连一个开采证都没有办理过，每年缴纳的资源费虽然上缴国库，从化国土局只是负责执行与监督，但是长此以往，反而从地方政府的层面默认了这几家单位开采资源的合法性。近些年关于整治从化温泉的呼声四起，万一哪一年需要按无证开采进行处理，这些年按时缴纳的温泉资源费又算怎么回事？思虑再三，从化国土部门决定从 2008 年起不再向几家控水单位收取资源费，以观其变。

（四）合法化的困境

从化国土部门的担心并非空穴来风，广州市人大会议 2007 年、2008 年连续两年提案从化温泉风景区的管理混乱问题，要求地方政府加大力度展开治理。从化温泉名气大，是广州历史最为悠久的景区，每年都被人拿到桌面上议论，地方政府的压力可想而知。2009 年，从化市政府成立"从化温泉资源开发利用与调研小组"，由从化市政府、国土局、水利局、旅游局、环保局等职能部门抽派人员组成，由市长亲自挂帅，将温泉资源管理的问题作为 2009 年从化市政府的首要任务。经过为期 3 多个月的实地调研，调研组对从化温泉风景区的问题进行了详细摸底，作出了一份 60 多页的调研报告。随后，市政府牵头，专门邀请省市有关领导，风景区内的控水单位，温泉专家及用水单位召开了四次座谈会，此举也让社会各界都认识到从化市政府此次治理从化温泉风景区的决心之大。

目前风景区内几家采水单位的无证采水，无证经营温泉水的问题是从化市府展开治理工作的切入点。但是，具体如何解决无证采水，无证经营又让从化市政府犯难。如果简单命令各家单位按规定办理采矿证及相关手续，办证完成，从化市政府以后就再无理由"整治"温泉资源管理的问题，而办理好开采证的各家单位依旧各自为政，统一管理的目标没有实现，办证也无用处。从化市政府的想法是，以市政府牵头，统一办理温泉风景区采矿证，今后各家控水单位依然保留采水权，只是采上来的水除了供自家所用外，多余的温泉水要交由从化市政府统一调配，由从化市政府成立专门机构统一经营温泉水。但是，要按从化市的方案执行必然遭到目前几家控水单位的集体反对，难度颇大。

虽然 2009 年从化市政府的动作比以往都要大，提出的解决方案也颇具建设性，但是其后从化领导班子换届，温泉水权收归工作没有能坚持执行，从化温泉风景区的温泉水至今依然没有实现统一管理。

七、小结

从化温泉风景区凭借其优越的地理区位和闻名的温泉水质成为中国近代历史上最有名望的温泉地。正因为此，从化温泉风景区在民国时期就受到权力阶级的重视，在计划经济时代就由国家机构完成了初期开发。在权力部门的争相进驻与开发过程中，温泉资源逐渐被几家大单位所分头把持，形成了多头垄断的温泉控水格局。但是，随着国家对温泉资源改革的推进，权力部门无偿开采温泉资源的行为不仅逐渐成为"非法"状态，而且在这种权力垄断的温泉水权结构中，从化温泉风景区的发展受到限制，好的温泉企业得不到温泉水，陈旧的温泉企业却可以依靠卖水得以继续存活。面对这一难题，地方政府受制于自上而下的行政约束也畏首畏尾，导致从化温泉风景区的温泉资源在不合理的管理体制下遭到严重破坏。

第三章 龙门县永汉镇温泉 开发中的大企业

一、概况

（一）地理环境

永汉镇位于广东省中部，惠州市的北部，地处珠江三角洲"大三角"的东北边缘，是一个四面环山的小平原盆地。其西部和南部分别与从化市、增城市毗邻，为龙门县的南大门，是龙门县与广州市联系的必经的交通要道，自古乃兵家商家必争之地。

永汉镇东距龙门县城 43 千米，北距南昆山 18 千米，南距增城市 35 千米，距广州市 93 千米。2011 年前连接增城和龙门县的 S119 公路和连接从化和永汉镇的 S355 公路是进出永汉镇的交通要道。广河高速开通后，从永汉镇出口到广州只需 45 分钟车程。受惠于广河、河清高速公路等区域基础设施，永汉镇的区位优势日益凸显，进入珠三角主要城市的 1—2 小时车程范围之内。

本区属亚热带气候，年平均气温 20.8 摄氏度，1 月均温 11.8 摄氏度，7 月均温 27.8 摄氏度。年平均降水量 2210 毫米，多集中于 4—9 月。早春低温阴雨，夏季多雷暴雨，秋末寒露风，冬季霜

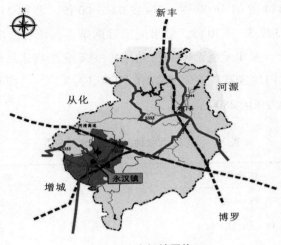

图 3.1　永汉镇区位

冻为主要灾害性天气。

区内地表水系较发达，主要有增江水系上游的支流永汉河。该河属山区季节性河流，流量变化大，在枯水期流量较小，每昼夜不足 1 万立方米，但在丰水期，尤其是暴雨季节，其流量猛增，是枯水期的数倍乃至数十倍。据永汉镇雨量站统计资料，永汉河流域多年平均径流深 1223.1 毫米，多年平均径流量 1.3 亿立方米。

本区温泉主要分布于永汉河河谷平原，高程一般 40—50 米，最低标高 38 米。丘陵低山植被生长茂盛，满山青翠，主要林相为湿地松、杉、竹子等，林下次生植被也生长良好，野生花卉种类繁多，温泉出露的河谷平原地势开阔。永汉镇区内温泉资源丰富，主要分布于油田村与马星村两个地区。

其中，油田村的温泉地热田已经做过地质详查，其位于南昆山东南麓永汉圩镇东北钟山下村与油田村之间。S119（增城—龙门）公路旁边，距永汉镇 8 千米，距南昆山镇 16 千米，距增城 35 千米，距广州 106 千米，距惠州 118 千米。地热田勘查范围位

于东经 114 度 01 分 00 秒—114 度 02 分 00 秒，北纬 23 度 36 分
30 秒—23 度 37 分 30 秒。温泉周围有两条小溪流经，出水温度
55 摄氏度，泉水无色无味，pH 值 7.1，总矿化度高达每升 679 毫
克，为龙门地区温泉矿化度最高的温泉（表 3.1）。已探明温泉资
源开采量为每天 2800 立方米。

表 3.1　龙门永汉镇钟山下温泉水质分析

物质名称	单　位	浓　度
钙（Ca^{2+}）	毫克 / 升	247
钾、钠（K^+Na^+）	毫克 / 升	97
氯化物（Cl^-）	毫克 / 升	15
硫酸盐（SO_2^-）	毫克 / 升	682
碳酸氢盐（HCO_3^-）	毫克 / 升	微量
硝酸盐（NO_3^-）	毫克 / 升	微量
氟化物（F^-）	毫克 / 升	3
二氧化硅（SiO_2）	毫克 / 升	89
pH		7.1
矿化度	毫克 / 升	679

资料来源：地质矿产部广东省中心实验室，2003。

　　马星温泉同样沿 S119 公路旁边分布，位于油田温泉与永汉镇
的中间，距离永汉镇 4 千米。温泉出露地点为稻田和鱼塘，由于
该处资源尚未进行地质详查，实际采水量不清。水温 71 摄氏度，
泉水无色无味，微有浑浊，具弱碱性，pH 值 7.7。据广东省地质
局水文二队在 20 世纪 80 年代的初步勘探，判断此处温泉资源较
为丰富。

（二）历史沿革

永汉四面环山，东起天岭山，西至牛牯嶂，北靠南昆山，南面旗岭山，中间盆地，四水归池，酷似一个"聚宝盆"，自古乃兵家商家必争之地，在明朝以前原称"横龙"（因永汉盆地有一条山脉将永汉平原与谷地隔开，南北走向，似一条横卧在永汉盆地的巨龙而得名），清顺治元年改名为永清；辛亥革命推翻了清朝统治，1912 年成立中华民国时改名为永汉，一直沿用至今。

永汉镇所属范围，明、清时是龙门县长沙乡平康都的一部分，分为七约；

民国时为龙门县第十一区，后期称永汉区；

解放初期属龙门县第四区管辖，分为三个乡，1952 年冬分为十四个乡；

1958 年成立永汉人民公社，当时的永汉圩镇已于 1956 年被省批准为省级建制镇；

1961 年又分为永汉、振东、油田、寮田四个公社；

1963 年重新合并为永汉公社；

1983 年改称永汉区；

1986 年冬建立现在的永汉镇至今，原来的永汉镇改名为居委会。

（三）经济概况

永汉镇镇域辖区面积 216 平方千米。现辖城东和城西两个街道居委会，大埔、鹤湖、低冚、牛冚、洋陂、见田、官田、梅州、油田、马星、黄河、锦城、上埔、合口、振东、前锋、莲塘、新陂、红星、寮田、釜坑、蕉坑等 22 个村委会，222 个自然村，2007 年镇域总人口 60974 人，其中城镇常住人口 10357 人，暂住人口 13000 人，农业人口 37617 人。

永汉镇是一个农业大镇，经济基础薄弱。全镇国内生产总值达 5.67 亿元，国民经济呈现增长速度加快、质量效益较好的态势。2006 年、2007 年国内生产总值增长速度分别为 10.4% 和 11.5%。第一产业以种植业为主，养殖业为辅，主要是养殖三黄胡须鸡。果林广泛分布在镇区周围至山地地区之间，主要种植年橘、香（粉）蕉、荔枝等果树；山地地区内的林地种植大面积的速生竹林。农副产品产量较大，除满足本地区之外，大部分外销。通过镇内的农贸市场集中后运到其他地区销售。有部分农副产品通过商品化渠道，直接承包作为珠三角洲地区的农产品基地。农业是全镇目前的支柱产业，但机械化程度低，农业不具有突出的区域优势。

永汉镇工业主要是涉及农特产品加工、竹制品工艺、牙签、餐签、纺织、玩具等十多个门类的企业。到 2006 年止，全镇有乡镇"四级企业"1515 个，民营经济作为全镇经济的一大支柱，占全镇经济的半壁江山，非常活跃，达 1600 户，从业人员超过 4000 人，主要进行竹制品加工、榨油、碾米、制糖、米饼加工等经营活动。区内现有长荣花卉科技有限公司、龙门亚钢铜业项目等外商或港商投资落户，新发展的增马线以南的 450 亩的工业区只有少数几家私营企业进驻，没有形成规模。永汉镇竹制品是本镇重要的工业产品，竹签、牙签等产品在永汉镇有着较为悠久的生产历史，其进入市场的产品——"龙门竹签"也享有一定的知名度，现已经形成一定的产业规模。镇内很多家庭为制作竹制品的家庭作坊，而集中加工的工厂大约有五六家，成品也在当地包装，以"中国龙门竹签"作为品牌进行销售。

永汉镇的第三产业起步较晚，发展水平不高，但近年来发展速度较快，各种经营部门总数由 1990 年以前的 150 家发展到目前的 500 多家，基本上是为本镇居民服务的批发零售业和部分餐饮、旅馆住宿等服务业。商业摊档、网点主要分布在旧镇的人民路、文明路等道路两侧，没有明显的购物中心。

旅游产业已成为永汉的支柱产业之一。永汉镇南昆山温泉大观园举办的广东龙门第二届南昆山生态旅游文化节，油田嘉义庄村举办的惠州第二届惠州生态休闲旅游节暨罗浮山旅游文化节。在南昆山温泉大观园、庄明庄、三寨谷、天鹿湖美食山庄、海涛农特产等旅游亮点的带动下，以绿色农业、健康食品，突出农家特色，使永汉旅游产业的知名度和美誉度不断提升。

二、社区对温泉水与土地的捆绑管理

（一）科学实验带来的启发

永汉一带的温泉资源十分丰富，早在新中国成立之前的龙门县志中已有记载：

> ……一在城西南七十里（油田钟山下）；一在城西南九十五里（永清鹤田。凡始达之处，皆如沸汤，流至第二坎方可浴，与鸬鹚石上之热水潭，隆冬水暖者不同。）……

龙门县志中除了对永汉镇所在这两处温泉的记载外，总共记载了龙门县域范围内合计 11 处天然出露的温泉，可知龙门县的温泉资源十分丰富。后经广东省地质局的初步勘探，认为龙门县之所以多温泉出露，是因为一条绵延数十千米的断裂带正好从龙门县腹地穿过，因此，地下热水在龙门县较为富集。

其中，又以永汉镇马星村（古名鹤田）的水温最高，按照县志的记载，马星温泉的源头处因为水温过高而不能直接沐浴，需等水流到第二级阶地后才可沐浴。但是，水温的高低对于社区的居民而言并无甚影响，与其他地方一样，马星温泉在 20 世纪 80 年代之前也只是被附近的村民用来杀鸡烫狗和沐浴，只要温度达到一定高度，就已经能够满足村民所需。

这种传统的温泉使用习惯在 1992 年迎来了一次变化。时年，广州市水产研究所在温泉养鱼的实验选址中看中了马星村自然流出温泉水温度较高的特点及周边广布农田的环境，在马星村承包了两亩水田，挖建鱼塘，开始了为期数年的温泉养鱼的实验工作。在工作过程中，水产研究所在本地的村民中聘请了几位帮手协助进行鱼塘的日常管理和维护。几年时间下来，水产研究所的实验取得了理想的结果，马星村的村民也从一开始对温泉养鱼事业感到新奇疑惑到后来了然于心。马星村的村民开始意识到属于他们本地的温泉资源除了用作平日杀鸡烫狗和沐浴以外，还能产生更大的经济效益。因为温泉养鱼的水温比普通水池的温度要高，各种鱼类的生长速度要快于普通鱼塘，尤其是在冬季，有的鱼种因为对生存水温的要求较高，在当地普通鱼池内根本无法过冬的情况下，在温泉鱼塘中则可以安然度之。对于长期以务农为生的村里人而言，道理不言自明，温泉养鱼起码有两个方面的收益：第一，温泉水中鱼类生长速度快，一年之内的产量就会明显高过其他鱼塘；第二，冬季的温泉水塘可以养殖反季节鱼类，其市场价值颇高。

广州市水产研究所在 1995 年结束实验之后离开了马星村，但其遗留下来的温泉鱼塘和温泉养鱼的观念在马星村落地生根。

（二）温泉与土地的捆绑租赁

在水产研究所走后，如何处置其留下的温泉鱼塘成为那段时间整个村庄关注的焦点。村里人都明白，温泉养鱼是条发财的路，但是这条发财路究竟要如何走，却着实让人犯难。鱼塘是村集体的，不管谁来养，都要保证收益最后能造福村集体的福利，不过，虽然温泉养鱼在理论上存在高额利润，但实际操作是另外一回事情，"高回报意味着高风险"这个道理大家心里都清楚。如果以集体的名义来养鱼，赚了钱自然无碍，要是亏了钱得全村人分担风险。权衡之后，马星村决定对温泉出露地段的水塘及周边的田地进行公开投标，中标人在支付租金后可以使用鱼塘及周边的温泉水。虽然是土地招标，但是因为土地下蕴藏的温泉资源而提高了土地的价值，因此，这是一种将温泉与土地捆绑在一起的租赁合同。马星村这种捆绑租赁的形式将温泉资源的实际使用权也一并转交给了承租方，在政府不强调温泉资源的国有属性时，村庄依靠其世代使用当地温泉的传统权利如此操作是行得通的。

村里有个小伙子小陈，从1992年起就在广州市水产研究所帮忙，几年功夫下来，小陈对鱼苗培育、鱼苗孵化的技术掌握得七七八八了。因此，村里第一次对温泉水塘招标，小陈就以每口水塘每年7000元的价格将水产研究所留下的两口鱼塘承包了下来。五年的承包期内，小陈鱼塘经营得不错，不仅在村里建了新房，还买上了小车。小陈经营温泉养鱼的事情，村里人看在眼里，记在心里，等到五年的承包合同到期，村里便重新组织了招标，本以为自己可以顺利续约的小陈，此时却遇到个半路杀出的程咬金。一个增城老板也看中了温泉养鱼的生意，愿意提高租金承包马星村的 20 亩温泉所在土地，租金高达 2 万元一口鱼塘。虽然五年的经营让小陈有些积蓄，但是两万一年的租金还是让小陈心里没底，租下来经营下去的难度也很大。思考再三后小陈放弃了 2000 年温泉鱼塘的承包合同，增城老板不仅承包了小陈之前的鱼塘，还另外承包了 4 口鱼塘，小陈凭着自己的经验也转而为增城老板打工。

图 3.2　马星村废弃的温泉渔场

（作者摄于 2010 年 1 月）

由于扩大了鱼塘的范围，原先自然流露的温泉水不够用，增城老板就自己打了几口温泉水井抽水，鱼塘的温泉水量上去了，但是水井一抽水天然的温泉水便再也涌不上来了。这对于世代使用温泉马星村来说是难以接受的。于是，马星村与增城的老板协商，由增城的老板出资修建水管将抽上来的温泉水统一供应到村口，而且在以前温泉水出露的地方修建了一家公共浴室，每晚 5 点至 9 点供水给浴室供村民洗浴。

图 3.3 废弃的马星村温泉公共浴场

（作者摄于 2010 年 1 月）

但是，那几年遇到暖冬，生意并不好做。由于承包的鱼塘面积较大，增城老板需要另外聘请帮工帮助料理鱼塘，一口鱼塘每年支付给帮工的薪酬就要一万多元，再交上租金之后，基本没有钱赚。在经营了两年之后，增城老板决定缩小承包鱼塘的规模，将靠近温泉水井的几口鱼塘保留下来，远离水井的两口鱼塘便退还给了马星村。赚钱的时候，村里人都眼红，现在亏钱了，村里也没人愿意接手。最后，小陈与村里另外签了一份合同，以一万多元的价格接手了增城老板退出的两口鱼塘。由于之前天然流露的温泉水已经断流，小陈花 5 万元请人在自己的鱼塘旁又打了三个温泉水井，重新开始了自己的经营。

凭借着自己十多年的温泉养鱼经验，小陈的养鱼买卖已经越做越大，从一开始培育普通鱼到现在养上了热带鱼。碰到光景好的时候，小陈一年下来的收入可以买下好几辆小车，即使遇到天气不太冷的暖冬，也足以维持生存。

三、永汉镇温泉旅游业的起步

（一）讨价还价的招商引资

在马星村的温泉养鱼事业日渐红火的同时，永汉镇政府就整体开发马星温泉的具体规划也在紧锣密鼓的展开中。

1992 年邓小平的南方谈话停止了当时"姓资姓社"的争论，"白猫黑猫"论更是解放了长期束缚中国经济建设的意识形态问题，一时之间，各地吸引投资搞开发的热潮一浪高过一浪。为了搞活龙门经济，尽快吸引来投资，龙门县当年颁布了《龙门县发展"三资"、内联企业的若干规定的通知》（以下简称《通知》），在这份通知里，龙门县对即日起来龙门县投资的三资企业和内联企业在税收减免和土地出让中都给予了很大程度的优惠。在这波招商引资的浪潮之中，整个龙门县，从县政府到镇政府和职能部门，从工作关系到私人交情，都派上用场，每日前来龙门县洽谈投资合作的商家络绎不绝。

来龙门洽谈投资开发的商家对永汉镇的马星温泉纷纷表示出了浓厚的兴趣。因为马星温泉距离永汉镇只有 4 千米，是龙门县最接近珠三角城市的温泉地区，因此，众多外资和国营企业都希望在马星村投资开发温泉。大势所趋，永汉镇于 1992 年 11 月上书县政府，要求将马星管理区划为温泉旅游开发区，将马星温泉沿线涉及的 1000 多亩耕地和 2000 多亩山地划为马星温泉旅游开发区范围，由镇政府成立专门的温泉旅游开发区领导小组负责马星温泉的规划与开发，做到对温泉旅游开发内土地管理的"五统一"。龙门县政府即刻同意了永汉镇的建议，并将马星温泉旅游区征地工作委托给永汉镇统一办理（龙门县人民政府办公室，1992a）。

　　当月，永汉镇就与港商合资企业永盈有限公司达成协议，租地100亩开发旅游业。但是，此后马星温泉旅游开发区的招商引资工作遇到不少阻力。在当时全国各地纷纷出台招商引资的优惠政策的情况下，投资商显得格外精贵，当时与永汉镇政府草拟马星温泉开发意向的投资者有六家，但是真正愿意投资开发的却很少。不少投资者抱着观望的态度，等待龙门县政府提供更加优惠的投资政策。在此情况之下，永汉镇政府在县政府《通知》下达后不到两个月的时间内再次向县政府要求对马星温泉旅游开发区给予更加优惠的政策（龙门县人民政府办公室，1992b）：

　　　　为更好吸引内外投资，我们请求：在开发区政策上除了县政府86号文件规定外，给予投资者更优惠政策：一、土地使用权出让金从一类地区降为二类或三类地区收取；二、兴办旅游业免收期为五年；三、租用土地收费山地将为每亩0.15元，耕地将为每亩0.30元。

　　县政府在权衡到全县招商引资过程中的公平问题，当时并没有批准永汉镇政府提出的更多优惠政策的请求。

　　一个月后，永汉镇政府再次上书县政府，同样是要求优惠政策，但这次却多了两个强有力的协助单位，报告中写道：

　　　　省广播电视厅及市旅游局曾多次组织主要领导与我镇洽谈具体开发事宜，但由于征地费用大，缴交县财政及粮食部门费用高，造成迟迟未予确定，互相观望。为使我镇温泉旅游开发区尽早开发成功，请求县府对在温泉开发区进行开发建设具有较大影响力并有诚意投资开发的省广东电视厅和市旅游局共征地 300 亩给予特殊收费政策。即：免收"农转非"代收金每亩 3000 元及减半收取农业税每亩 2884 元，以减轻两个单位征地负担，启动整个开发区的建设。敬请尽早复示！

有了省市部门的干预，这份要求优惠政策的报告很快就得到了肯定答复。按照永汉镇政府的要求，免收"农转非"代收金每亩 3000 元，并减半收取农业税每亩 1442 元。可见，县政府招商引资的优惠条件是可以讨价还价的，只是看来谈判的人是谁。

在 1992 年那一波开发潮中，马星温泉一度被龙门县寄予厚望，但由于前来开发的单位实力有限，政府国营企业占了多数，没有几家真正做大的。经过 1997 年国企改革之后，马星温泉旅游区的开发几乎陷于停滞状态。笔者在马星温泉实地调研中发现，当时建设的温泉设施基本已经倒闭或转行，还有一些土地和资产纠纷尚待解决。

（二）只圈地不开发的投资者

马星温泉旅游区的开发陷入停滞，且各种利益纠葛让后来的投资者望而却步。20 世纪 90 年代中期之后，永汉镇温泉开发的焦点开始转向永汉镇油田村钟山下的温泉。1996 年由多家单位成员组成的广州市丰泽置业有限公司于永汉镇人民政府签署了《关于开发龙门油田温泉健身度假村协议书》，并经龙门县政府、国土局批准，征用永汉镇油田管理区耕地约 360 亩，山地约 200 亩用于开发温泉健身度假村。

为了吸引这家来自广州的投资商，县政府承诺该公司不仅可以享受 1994 年县府颁布的《关于发展"三资"、"三来一补"和内联企业的若干规定》的优惠政策，今后县实行的各项有关优惠政策也对其承认。为了帮助企业进驻，县政府责成"有关部门协助其办理用电、用水（包括温泉）、通讯、环保等报批手续，收费按县有关规定给予优惠"。除此之外，对于温泉资源，龙门县政府专门规定，"度假村建成投入使用后，免收十年资源（温泉和地下水）费，期满后按物价部门核定的标准按 50% 优惠五年"（龙门县人民政府，1996）。由此可见，龙门县为了吸引这家广州企业投资永汉镇的温泉开发，拿出了足够的诚意和优惠的条件。

广州丰泽置业有限公司在 1996 年签订投资协议，永汉镇也迅速地完成了征地工作，但是广州丰泽置业有限公司由于各种原因没有进行开发，已征用的 560.97 亩土地一直闲置至 2003 年。

广州丰泽置业限公司为什么搁置温泉项目开发的原因不得而知，但其早在 1996 年就获得的 560.97 亩土地最后却为南昆山温泉大观园的进驻做了嫁衣。

（三）庄加庄温泉度假山庄的成功与推广

几年时间下来，永汉镇大张旗鼓的温泉开发招商引资没有收到多少成效，但是一个来自广州的小老板却逐渐做出了几分成果，他就是被称为龙门温泉旅游"拓荒牛"的庄碧标（曹亮、戴明慧，2009）。

庄碧标来龙门是因为一位在当地做过知青的朋友无意间聊到龙门的经济情况，向他推荐说龙门将有很好的发展前景。依着商人的本能，庄碧标亲自来到龙门考察，发现这里的地理环境和政策条件都很有利，于是在 1995 年就租下了位于永汉镇的一块地皮，开起了农庄，做养殖生意的同时，也供应自己在广州的酒楼。就这样，他开始了广州龙门两边跑的忙碌生活，随着在龙门生活时间的增加，他对龙门的了解也不断加深，发现在他的庄园附近拥有丰富的温泉资源，于是，一个更为大胆的想法在他的脑子里形成。1998 年，庄碧标毅然开始实施自己的计划，带领员工向温泉度假村的方向转型。

在 1998 年，龙门县还没有一家成规模上档次的温泉度假村，庄碧标当时实际投入温泉山庄建设的资金是龙门县有史以来最大的。1999 年，"庄加庄温泉度假村"正式对外营业，从开业伊始庄加庄就走大众化路线，以套票的形式一票涵盖庄园内的吃、住、玩，一时间吸引了大批来自广州、东莞、深圳甚至香港等地的游客，每到周末时间客房都供不应求。

庄加庄的成功给其他的中小投资者以启示。2002 年，同样是走大众路线的大自然温泉山庄开业；2004 年，庄碧标参股的庄上庄温泉度假村开业。这几家小型农庄式温泉度假村的开发成为当时龙门温泉的一道风景线。他们具有共同的特点：规模小，每家客房不过 100 间；投资少，每个山庄总共投资数千万元不等；占地不过百亩；针对大众市场，采用套票制，消费低廉。这些温泉度假村虽然规模不大，但经营者花费的心血颇多，以庄加庄为例，里面的所有设施都是由庄先生亲自设计而成，别具匠心。不仅如此，庄碧标为了扩大游客在温泉度假村的消费，还于 2005 年在自己的山庄旁开办"龙门县海涛农特产加工有限公司"，展示龙门炒米饼的制作过程给游客观看，并荟萃了惠州市和龙门县的土特产展销。

龙门温泉就是在庄加庄这种小型温泉度假村的自立跟生的发展中逐渐打响了名气。

四、南昆山温泉大观园的强势发展

（一）地方政府的"偏爱"

虽然庄加庄等几家小型温泉度假村做得风生水起，2004年还一度被授予永汉镇"纳税大户"的荣誉称号，但是，龙门县政府显然并不满足于此。当时，地处龙门县北部的王坪镇在2001年成功引入了铁泉（原名龙门温泉）项目，项目占地超过50万平方米，仅露天温泉区就占地12万平方米，拥有大小温泉池48个，当年的广东省旅游局长郑通扬考察完铁泉后称其为"亚洲第一泉"。相比之下，处于珠三角进入龙门县的南大门的永汉镇交通区位条件比王坪镇要好得多，龙门县政府当然有理由相信永汉镇能吸引规模更大，档次更高的温泉项目进驻。

正在龙门县的地方官翘首以盼的时候，一名来自香港的商人来到了龙门，他就是后来南昆山温泉大观园的开发者杨松芳。杨松芳本是惠州人，20世纪80年代辗转到了香港，从一台"东方红"手扶拖拉机在工地打散工做起，后逐渐转入机械贸易行业，并依靠机械贸易生意掘到人生第一桶金，1992年回到惠州老家投资房地产失败，损失超过3000万（李华生，2011），但其在香港注册成立的"松发机械工程公司"的贸易生意逐渐走入正轨，弥补了其在地产投资中的损失。虽然经历了一次地产投资失败，但是他始终看好内地固定资产投资的前景，1997年在香港回归、政策方向不明之际，他毅然贷款3000万返回惠州投资酒店行业，在惠州陈水投资建造了一座四星级酒店——三阳酒店，加上多年从事贸易生意积淀的生意上的固定客源，三阳酒店在惠州站稳了脚跟。

因为贸易往来曾多次到日本考察，在那里杨松芳感受到了日本独特的温泉养生文化，发现国内的温泉蕴藏着巨大的商机，为了成功开发温泉，他又多次前往日本熟悉当地温泉企业的风格和理念，了解经营管理和服务等方面的经验，并打定了在国内投资温泉开发的决心。2003 年，这位出生在惠州的商人依然将温泉开发的地点选择在了惠州境内，就是龙门县永汉镇的油田村钟山下温泉。

永汉镇开发温泉的想法由来已久，但是遭遇前番数次招商引资的失败之后，龙门县政府对于温泉开发项目的引入变得十分谨慎。在双方经过几次接触之后，龙门县的领导逐渐发现这位港商比之前的开发者都要靠谱。首先，杨松芳出生在惠州，虽然现在公司设在香港，却一直在惠州投资经营，先在淡水"炒地皮"失败，后又在陈水投资四星级酒店，生意上的起落却能看出他倾心于惠州这片家乡的土地，由此也可见此次他投资龙门温泉开发是有诚意的；其次，杨松芳投资建造的三阳酒店在当时的惠州市是数得上数的高级别酒店，再加上其旗下的"松发机械工程公司"经营机械外贸的多年积累，从实力方面考虑，杨松芳投资开发温泉也是值得信任的。因此，两者一拍即合，2003 年 5 月正式签约，杨松芳投资 1.3 亿元开发南昆山温泉大观园项目。

对于这个盼望已久的大开发商的到来，龙门自然倍加"照顾"。2003 年 6 月，龙门县政府为加速南昆山温泉大观园项目的推进速度，捐出 100 万元作为大观园的扶贫建设资金。[①] 在土地方面，龙门县政府对原广州丰泽置业有限公司与永汉镇签订的油田村度假村 560 亩项目用地以闲置时间超过两年为由予以收回，

---

① 《南昆山大观园创 AAAA 级旅游景区》材料。

重新出让给松发机械工程公司作为大观园项目建设用地，但是，这还不足以满足大观园要求的首期建设面积 1000 亩的要求。对于不足的用地，龙门县首先要求永汉镇内部解决，永汉镇先后置换了原属于永汉镇水利会和永汉民政办福利项目用地 58 亩和原肇永温泉建设用地 113 亩给大观园项目，加上 68 亩的河滩地外，永汉镇实在凑不够大观园项目需要的 1000 亩土地，遂打报告请求龙门县政府予以解决（永汉镇人民政府，2004）。龙门县于 2004 年从田美镇 500 亩墟镇建设用地指标中调整了 171 亩给永汉镇作为南昆山温泉大观园首期建设用地（龙门县人民政府，2004）。至此，基本满足了大观园要求的首期建设用地 1000 亩的要求（表 3.2）。

表 3.2　南昆山温泉旅游大观园建设用地来源

建设用地指标	面积（亩）
收回广州丰泽置业闲置建设用地	560
河滩地	68
置换永汉镇水利会和永汉民政办福利项目用地	58
置换肇永温泉建设用地	113
调整田美镇墟镇建设用地	171
总　　　　计	970

资料来源：龙门县档案。

但是，与龙门县政府的积极热情比起来，松发机械工程公司的动作却很慢。自 2003 年大观园项目签约后，大观园的工地一直没有动工。一方面是因为建设施工前需进行规划设计，仅仅是策划公司就前后更换了 8 家，耽误了时间；另一方面则是遇到资金上的困难，据杨先生自己回忆，为了筹集到足够的资金，他们找了多家银行，可是这些银行认为数额巨大，风险太高，都不愿意贷款给他们，直到 2004 年，杨松芳费尽周折才从惠阳的农信社借到了 3000 万的贷款（曹亮，2009）。

为了坚定杨先生投资大观园开发的信心，县领导多次在公开场合表示"除了龙门温泉（铁泉）、南昆山温泉（大观园）、地派温泉，县委、县政府不批准上别的温泉项目"（龙门县政府，2005）。县政府希望通过保障大观园日后在市场上的垄断地位，打消开发商投资开发的顾虑。

2004 年 7 月，南昆山温泉旅游大观园正式破土动工。

（二）垄断温泉取水权的过程

前文提及，在大观园进驻油田村钟山下温泉之前，已有庄加庄温泉度假村和大自然温泉度假山庄取用此地的温泉水用作经营，且生意兴隆，游客如织。一方面，这给大观园一个信号，投资温泉开发的市场是有保障的，但另一方面也引发了大观园的忧虑：作为后来者，如何能够保障得到足够的温泉水？

大观园的忧虑并非多余，毕竟大观园项目规模庞大，仅露天泡池区占地面积就达 12 万平方米，其用水量肯定会远超现在的庄明庄和大自然温泉山庄。而地下温泉资源是有限的，万一到时出现不够水用的时候，到底应该先保障谁的用水权利？经过了解后得知，大自然温泉山庄已经于 2003 年 12 月获得了龙门县水利局颁发的取水许可证，根据《中华人民共和国水法》和《取水许可制度实施办法》的规定，大自然温泉山庄是抽取油田村地下水资源的唯一合法单位。这一消息让温泉大观园有些意外，温泉资源是整个大观园项目投资所依赖的核心资源，如果温泉资源的取水权掌握在其他企业手中，而且是一家同样经营温泉旅游的竞争企业，这是断然不能接受的。

就此，温泉大观园马上与龙门县主要领导联系，将此情况进行说明并表示，为保障南昆山温泉大观园的顺利运营，必须由龙门县政府出面协调，将油田村附近的温泉取水权划归到大观园所有。这无疑是给龙门县政府出了一道难题，大自然温泉山庄的取水证是县里的水利局亲自颁发的，用什么理由将其收回后转交给另外一家企业呢？

后经研究，县政府拿出了一个堪称完美的解决方案。2004年，大观园首先向广东省国土厅提出办理永汉镇油田村钟山下地热资源的探矿申请，经省厅批准后立即展开了对油田村钟山下温泉地热田的勘探工作，同年，勘探工作完成后大观园又接着向省国土厅提出了办理油田村钟山下温泉资源采矿证的申请，省厅接到申请之后通知龙门县国土部门，征求地方政府意见，得到同意后由广东省国土资源厅于2005年给大观园颁发了油田村钟山下温泉资源的采矿证。温泉资源不同于普通的地下水资源，它同时还属于矿产资源，因此，开采温泉资源者必须同时办理采矿证和取水许可证之后才能合法开采。之后，县水利局向大自然温泉山庄发出通知，勒令其限期办理采矿证之后才能取用油田村的温泉水。但是采矿证已经被大观园先行办理，所以大自然温泉山庄只有县水利局颁发的取水许可证依然无法合法地取用油田村的温泉水。限期一到，县水利局以其违反《矿产资源法》相关规定强制收回了先前颁发的油田村取水许可证。不久，大观园成功办理了油田村钟山下温泉资源的取水许可证。至此，大观园成为了油田村温泉唯一合法的开采权所有者。

（三）大观园的成功与荣誉

2005年7月，在大观园开业前夕，龙门县委主要领导亲自主持召开了南昆山温泉大观园现场办公会。县委、县政府、国土资源局、水利局、林业局、规划建设局、永汉镇党委政府和公路局的有关领导及大观园的业主都参加了会议。会议指出：

> 大观园项目是我县今年九大重点建设项目之一，对我县经济政治社会发展影响重大，举足轻重。项目能否如期推进，直接关系到我县能否实现今年的工作目标，能否破解"三农"问题，能否实现跨越式发展。(龙门县人民政府，2005)

会议同时要求：

> 在加快推进大观园项目建设进程中，永汉镇和国土资源局、水利局、林业局、规划建设局、环保局、公路局、供电局、旅游局等职能部门以及县驻油田村工作组，要按各自职能，围绕推进大观园建设如期举办第二届旅游文化节，营造大观园周边地区协调发展的和谐环境，积极主动、认真负责、扎实有效、全力以赴开展工作。要在今日内江各自的工作方案书面报项目推进工作办公室，在工作组统一领导下，相互支持沟通，协调一致，扎实落实每项工作。投资商要科学安排施工，增加施工力量，确保8月底高质量完成各项工程。(龙门县人民政府，2005)

一个港资项目，却能让一个县政府调配几乎所有相关的职能部门为其所用。可知，大观园的建设在当时县政府心目中的分量。

2005年9月26日，南昆山温泉大观园如期开业。

开业之后，温泉大观园一路高奏凯歌。2006年大观园旅游区共接待了游客50多万人次，2007客房出租率稳定在80%以上，顾客满意率为90%，回头客占有比例55%，调查的客户中愿意再来的占85%；2007年1月至7月共接待游客35.8万人，比去年同期增长25%；顾客满意率为90%以上，回头客占有比例60%以上，其中调查的客户中愿意再来的占92%。[①]2005年开业仅3个月营业收入就超过千万，2006年接近1个亿（如图3.4）。

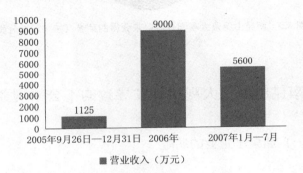

资料来源：《温泉大观园创建国家AAAA级景区》材料。

图3.4　南昆山温泉大观园2005年9月—2007年7月营业收入

2007年、2008年，温泉大观园连续荣获"中国十佳温泉度假酒店"荣誉称号；2008年申报国家AAAA级景区成功，同年，广东省社科院评定为"中国十大最具综合竞争力的温泉度假酒店"，被深圳报业集团、珠三角报业联盟、深圳商报及香港商报评选为"2008深、港市民喜爱的旅游度假胜地"。

通过对温泉大观园网站上大观园开业以来所获得的荣誉进行梳理后发现：自2005年9月开业以来，温泉大观园总共获得了39项荣誉称号，其中6项来自永汉镇，8项来自龙门县，11项来自惠州市，14项来自广东省及以上（见下页图3.5）。大观园已经成为龙门县当之无愧的明星企业。

---

① 《温泉大观园创建国家AAAA级景区》材料。

图 3.5　南昆山温泉大观园开业以来获得的荣誉（按来源地分类）

五、南昆山温泉大观园开发导致的不公平现象

（一）温泉小企业的凋敝

有人欢喜有人愁，正当大观园的事业蒸蒸日上之际，同在油田村附近的另外两家温泉小企业——庄加庄温泉度假村和大自然温泉山庄则陷入了严重的温泉水资源短缺危机之中。

话说 2005 年县水利局要求收回大自然温泉山庄的取水许可证时，一开始遭到大自然温泉山庄和庄加庄温泉度假村的强烈反对，认为大观园有点欺负人，凭什么要由持有采矿证的企业去统一办理温泉取水许可证，而不能由取水许可证持有企业去统一办理采矿证？更何况大观园来开发的时间在大自然温泉山庄后面。

为此，龙门县和永汉镇政府出面协调，向两家温泉山庄讲清当时的形势。首先，关于由哪家企业统一办证的问题，大观园办理采矿证花费上百万资金，如果换了大自然温泉山庄自己去办，是笔不小的开销；如果大自然温泉山庄不办理，只有取水证也是非法采水。其次，即使由大观园统一办证，对于大自然温泉山庄目前的温泉水使用权，也应给予保障。

政府的说辞确有道理，大自然温泉山庄和庄加庄温泉度假村毕竟是小企业，而且是采取股份合作制，刚刚经营 3 年时间，前期投入的成本都还没有收回，再让数十个股东同意出资上百万办理温泉采矿证估计不那么容易。再者，如果政府出面协调，只要大观园能够保障两家企业的温泉用水，何不做个顺水人情？

最后，大观园与大自然温泉山庄、庄加庄温泉度假村协议，由大观园统一办理油田村钟山下温泉资源的取水许可证与采矿证，由大观园统一开采温泉水，并向大自然温泉山庄、庄加庄温泉度假村保证每天供应 300 立方米的温泉水，以后政府统一向大观园收取温泉资源费。

当年，大自然温泉山庄和庄加庄温泉度假村双双被评为"龙门县民营企业十大纳税户"称号、"守信用重合同企业"。

图3.6　2010 年仍在营业的大自然温泉山庄

(作者摄于 2010 年 1 月)

实际上，大家当初的想法十分简单，庄加庄温泉度假村和大自然温泉山庄之前已经自己出资打过两口水井给自家供水，只要大观园不干涉这两口水井，两家企业自己取水的实际权利还是掌握在自己手中，至于由谁办证其实并不重要，由大观园统一办理也是好事，这样自己的取水今后也顺便变得"合法"了。此后，大观园要求两家企业按照大观园的建筑风貌改建水井泵房的外立面，两家也十分配合，花钱照办。

但是，意料之外的事情还是发生了。

2005年11月，大观园开业不到两个月，庄加庄温泉度假村与大自然温泉山庄断水了。眼看已到温泉旅游旺季，两家每天的客房订单都是满员，在这个节骨眼上断了温泉水，岂不要命？

断水当日，大自然温泉山庄前台炸了锅。绝大多数的顾客都是冲着温泉水来的，尤其是初次前来的顾客，不明就里，表现得格外激动。指着员工咒骂的、要求免费吃喝赔偿损失的、谎称记者要揭黑幕的，比比皆是。

大自然温泉山庄负责经营的老板连想都没有想，立即打电话给大观园要求恢复供水。大观园正值开业期间，生意异常火爆，各项工作正在紧锣密鼓地开展之中，接到大自然温泉山庄与庄加庄温泉度假村的投诉电话后也觉得莫名其妙，将此事报告领导后，大观园的领导表示不关大观园的事情而不予理睬。

庄加庄温泉度假村和大自然温泉山庄的经营人员有些愤怒了，他们认为大观园这种出尔反尔的行为没有一点诚信可言，而且大观园的用意十分明显，就是要用断了温泉水的方式逼走自己的竞争对手。

年底，两家企业的数十个股东一起到县政府上访，讨要说法。由于事发突然，大观园断停两家企业温泉水的事情，县政府也一点不知情。但是，两家企业断水的事实摆在眼前，如果大观园确实故意为之，县政府是必须出面的。为了平息两家企业股东的义愤，县领导当即表示：责成县政府的负责人处理此事，时值年关逼近，县政府的负责人此事处理不完，就不要过年。

县领导有了这样的态度，两家企业也能接受，各自回到山庄静候处理结果，等待温泉水的恢复供应。

但是，没有想到这一等竟到了 2006 年的 5 月。

据笔者了解，2005 年 11 月断水事件并不是大观园有意为之，真正的原因应该是庄加庄温泉度假村与大自然温泉山庄的温泉水井开挖在次生热储层内，而大观园的温泉水井开挖到了热储层，大观园开业后的每日大规模取水导致热储层的水量补给不足，次生热储干涸。因此，即使县领导亲自出面，大观园积极配合，也难以短期之内恢复次生热储的原貌。这样判断的依据是，当时不仅是两家温泉企业断了温泉水，附近自然流露的温泉泉源也断绝了出水。

后经协调，大观园同意修建温泉蓄水池，大观园每日从自己的温泉水井抽取温泉水后，向蓄水池注入 160 立方米温泉水，再由管道分别输送至两家企业，但是建造施工费用两家自筹，且今后使用温泉水必须按大观园的规定缴费。已经因为没水进入停业状态近半年的两家山庄无奈之下妥协照办，用大自然温泉山庄一位老板的话说："有水用毕竟好过没水用。"

但是，由于现在的温泉水是先抽到温泉蓄水池储存再输到两家企业，热量散失过大，导致到两家企业的温泉水温度普遍偏低，有时竟不到 40 摄氏度，根本无法使用。有的老顾客甚至提出怀疑，认为这两家小企业目前是使用大观园的"二次用水"，直接影响了两家企业的前些年建立起来的声誉。

更要命的是，大观园制定的温泉水费高得离谱，供应每日 80 立方米温泉水便向两家企业各收取每月 22465 元，平均算下来每立方米温泉水收费 9.3 元，至 2009 年 9 月，两个庄园已向大观园缴纳温泉水费合计达 190 万元。2009 年 9 月，大观园一纸通知到两家温泉企业，要提高温泉水费的收费标准（表 3.3）。

表 3.3　温泉水费收取名目

序号	项　　目	每月用户分摊
1	每月每户用电 65 度 / 天 ×30 天 ×1.06 元 / 度 =2100 元	2100 元
2	每月每户管理费	2000 元
3	每月每户资源费	4800 元
4	每月每户水费 80 方 / 天 ×30 天 ×3.5 元	8400 元
5	每月每户设备折旧分摊	9800 元
6	每月每户应收取费用	27100 元

资料来源：南昆山温泉大观园。

大自然温泉山庄在上交永汉镇的上访材料中写道：

这 190 多万元温泉水费只开收据，没有发票。由于大观园温泉度假村对温泉水的提供，年年都有不能理解的做法，使我们无法接受。我们交的款，足够我们打一口热水井。我们的经营成本增加了不少，企业负担繁重。

由于温泉水的问题，两家温泉山庄已经难以为继。断水停业半年已经让先前建立的一些熟客关系流失大半，重新开业之后又时常因为水温不够而屡遭投诉，生意大不如前。

2005 年之前我们这边基本天天都 100 个客人来，一到周末都订不到房，现在简直惨淡经营，平时只能维持住本地几个员工的工资，一到淡季的几个月老板还要自己贴钱。（大自然山庄黄经理，2010 年 1 月 15 日）

温泉水费涨价之后，两家庄园的老板们伤透了脑筋，打算再次上访，但是想要解决这个问题绝非易事，镇里上访办公室的办公人员知道这是个烫手的山芋，谁也不敢接待。

> 一开始送材料到镇政府时，下面的工作人员都不愿意接待，没人敢收上访材料。直到镇里的一把手说话，才算收下了材料。按照规定，接收上访材料一个月之后，就应该给出答复，如果镇一级解决不了，才可以到县一级上访。不过，我估计这事县里也解决不了，不过没办法，等到县这一层，又得一个月，这是规定，县里处理不了我才能再往市里去上访。我打算这样一层一层告上去。（大自然山庄股东，2010 年 1 月 15 日）

这注定是一条漫长的道路。庄加庄温泉度假村的创建者庄碧标已经选择出售了自己在庄加庄的股份，移至马星温泉附近另辟新的温泉山庄——庄明庄温泉度假村，从头做起。庄先生对自己从头再来的庄明庄很乐观，每年都会根据市场的需求增加新的娱乐项目，这已经是庄碧标在永汉镇参与开发的第三家温泉山庄。

（二）被征地的社区

感觉到失落与愤恨的，不仅仅是庄加庄和大自然温泉山庄这两家小企业，与大观园一墙之隔的叶屋村更是如此。

温泉大观园项目首期占地 1000 亩，除少量用地是山地、河滩地和水面面积以外，还有很大一部分是征用附近村庄的农用地。而在征地的过程中，叶屋村被征土地最多，以至于大观园建成之后，叶屋村成为一个夹在大观园与山丘之间的孤村，剩下的农田人均只剩几分田（图 3.7），这对于过惯了农业生活的叶屋村人来说是极大的考验。叶屋村的村民至今仍然对当年的征地耿耿于怀：

图 3.7 南昆山温泉大观园旅游区周边社区位置

当初征地的时候，村里人一起开会讨论，商量好最低要赔偿 1.2 万一亩大家才肯，结果第二天村长到镇里开完会回来说，他认为 8000 块也可以了，都不知道他是怎么想的。

政府都是骗人的，大观园和镇里签的合同与我们村和镇里签的征地合同的范围都不一样，我们和镇里签的合同只说包括我们叶屋村附近的范围，但是和大观园签的合同有 5 平方千米这么大规模。

现在的政府做事都是这样的，要你的土地就说如何如何，事后就过河拆桥，分明政府在摆乌龙。

现在我们村没有村干部，没有人愿意做。（叶屋村村民，2010 年 1 月 15 日）

据了解，叶屋村总共被征用水田 360 亩，征地期限 40 年，村民一次性得到的赔偿人均不足 7000 元。

除了土地，村民还失去了以前天然流露的温泉水源。大观园征地范围将所有天然流露温泉的地点全部覆盖，这是世代使用温泉的叶屋村和钟山下村所不能接受的。之前，这两个村除了使用天然温泉洗澡杀鸡外，还收取了大自然温泉山庄每年5000元的土地租赁费用（因为大自然温泉山庄打井取水需要占用当地村的土地）。如果温泉泉源所在地区被大观园征走，则这笔费用也会跟着损失。经谈判，大观园承诺在大观园建成后将修建温泉水管通到两个村的村口。至于大自然温泉山庄的租赁费用，则由镇政府出面协调大自然山庄一次性付清了村集体5万元作为补偿。

大观园按照征地承诺在旅游区旁边修建了几间简易的商铺供村民使用，并优先安排被征地村民进入大观园就业。目前大观园内员工近800人，龙门县内的员工占到80%，在大观园入口处的广场一侧，还有一条简易的土特产一条街，大约有20个铺位，以每个月100元的价格租给附近村庄的农民摆卖。

不管怎样，大观园落成之日，叶屋村与钟山下村的传统农业生活被彻底改变了，无论村民是否愿意，昔日的农田已经成为围墙之内的红砖绿瓦，无论村民是否适应，大多数人开始转变为一名旅游服务者的生活方式。留下的，是对政府的质疑与责问。

（三）垄断下的资源浪费

与周边温泉小企业的衰败与墙外村落的不满形成鲜明对比的，是温泉大观园的一派繁荣景象。大观园的繁荣并不是因为实现了温泉资源的高效利用，而是因为其依靠资本打造的旅游产品迎合了市场的需求。

　　我们的竞争对手主要是区域内的几家大的温泉企业，好像聚龙湾（清远）、碧水湾（从化）、海泉湾（珠海）、金叶子（增城）、古兜（中山）这些……温泉产品本身不是我们企业成功的最重要因素，什么产品要想卖得好，主要是看怎么包装，怎么卖。我们的综合配套设施，还有我们最近推出的日游南昆山，夜宿大观园的这种整合周边旅游资源的优势，使我们具有其他企业不具备的优势。（大观园市场营销部陈经理，2010 年 1 月 13 日）

从大观园管理人员的话中可知，大观园的成功主要依赖于两点：第一，大投资形成的度假环境，使其具有区域的唯一性；第二，大观园与南昆山形成的"温泉＋南昆山"的区域整合优势。由此可见，温泉资源对于大观园固然重要，但也绝非其成功的必然要素，投资规模与销售手法才是其获取利润的真正原因。因此，其对于温泉资源的垄断行为显得有些"小题大做"，在其垄断之下的温泉资源也未必得到最大效率的使用。

我们酒店没有其他供热设施，所有客房都是直接通入温泉水，我们员工宿舍区也都用温泉水。（大观园工作人员，2010 年 1 月 13 日）

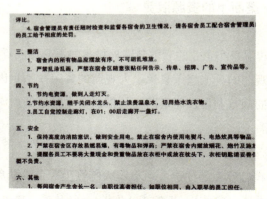

图 3.8　大观园员工区的公告

（作者摄于 2010 年 1 月）

宝贵的温泉资源用于客房的洗手间，甚至用在员工的生活供水之上，其本身就是一种浪费资源和低效使用的表现，笔者根据大观园内使用温泉水的设施规模对其每日的温泉水使用量进行了估计（见表 3.4）。

表 3.4 温泉大观园温泉水估计用量

温泉用水设施	温泉用水量（立方米／日）
温泉泡池	泡池数 × 泡池容量 × 换水次数 =1580
客　　房	客房数 × 日均用水量 =720
员工宿舍	员工数 × 人均生活用水量 =400
合　　计	2700

据大观园办理采矿证时的勘探报告中写明，整个油田钟山下地热区最大开采量为每天 2800 立方米，即目前仅大观园一家已经将此处温泉资源的开采量使用殆尽，而考虑到每日固定供给庄加庄和大自然山庄的 160 立方米，供给叶屋村和钟山下村的 400 立方米，则整个油田钟山下地热的资源可能已经存在过量开采的问题。

即便如此，大观园似乎并不知情，因为他们在大观园二期的开发项目中还有一个使用温泉水的水上乐园项目即将上马。

大观园开采温泉水的行为是否存在过量，作为水行政部门的龙门县水利局与作为矿产资源行政部门的龙门县国土局具有监督的责任和权力，但是实际情况却是另一回事。

龙门县国土局原先在大观园的取水管上安装了水表，用于逐月记录大观园的用水情况，但因为温泉水具有腐蚀性，国土局购置的水表不到一个月就会坏掉，如果要安装特殊的热水专用水表，则需要花费过万元，这笔费用国土局不愿意出，而大观园更是没有义务这样做。

> 现在的水量一般都由企业自己上报，只要它报上来的数
> 在合理的范围之内，我们就按照他报的数收费。（龙门县国土
> 局某工作人员，2010年1月11日）

龙门县水利局则不同，他们并没有采用传统的用水表计量的
方法，水利局具有根据电流测算水量的设备，并已在大观园内安
装，但其获取的用水量虽准确却并不一定能够"算数"，笔者在水
利局没有能够获得大观园的准确用水量数据。

> 我们对大观园用水量测算的太大，大观园不认可我们的
> 数据，现在最后定多少我们还要与大观园商量，现在我们的
> 数据不便于公布。（龙门县水利局某工作人员，2010年1月
> 15日）

由此可见，大观园的实际用水情况处于一种保密的状态之下，
而在一切都可以"商量"的情况下，即使大观园某天出现了违规
开采的问题，政府也极有可能难以察觉或需要与企业"商量"之
后再判断其是否违规。

六、富力集团进驻马星温泉

（一）马星温泉的共享局面

2011年广河高速公路通车，广州市至永汉镇车程将缩短到1

小时之内。交通条件的改善使得永汉镇再次成为开发商眼中的香饽饽。对于投资者而言，除了即将改善的交通条件，最可贵的是永汉镇丰富的温泉资源与生态环境。但是，油田钟山下温泉已被大观园垄断，大家关注的焦点都放在了马星温泉这块"暂无归属"的温泉地块之上。

将马星温泉定义为"暂无归属"并不准确，因为目前马星温泉已处于一种松散的、多方共享的管理架构之下，只是因为各方对于使用温泉资源的各项权利没有清晰的定义，所以没有形成油田温泉那样严格的产权归宿关系。以下对目前马星温泉的共享状态做一个简单梳理。

马星温泉 2010 年时的治理框架下的参与者可分为三类：使用温泉的先期经营者，作为温泉地面土地所有者的村集体，办理了取水证的镇政府。

使用温泉的先期经营者分为三类：一类是在 20 世纪 90 年代初期投资马星温泉旅游开发区失败后遗留下来的转制企业，多半已经不再经营旅游事业，有的企业还掌握少量土地资源，其对温泉资源的使用量很少；第二类是最近几年刚刚投资开发的小型温泉酒店，包括庄明庄温泉山庄和金童子两家酒店，它们都是通过租赁附近社区的土地后自己打井取用马星的地下温泉资源，其使用量一般在每家每天 300 立方米左右；第三类是利用温泉养鱼的个体户，他们对马星温泉资源的使用量最大，与经营旅游业的用户一样，也是通过租赁土地的方式间接获得温泉资源的使用权。

凡是地下可以打出温泉资源的村落目前都有可能成为马星温泉的实际租赁方。因为政府对马星温泉的管理并不严格，虽然只有镇政府利用镇属水利会（公司）办理了马星温泉的取水证，但镇政府对社区私自租赁包含温泉使用权利的土地给企业的行为既不清楚，也难以管理，镇政府难以依靠镇一级的行政力量剥夺社区以世代使用温泉的传统为由形成的出租温泉的权利，因此，马星温泉的实际获益权与土地一起仍然掌握在社区的手中。

镇政府作为马星温泉的直接管理者，已经通过合法手续办理了马星温泉的取水证，成为法律意义上的产权持有者。但是，这种依靠法律名义获取的权利与社区自然拥有的固有权利之间存在本质冲突，在镇政府无力说服社区时，这种法律定义的权利难以转变成为实际的控制权。如果社区依赖土地建立起来的与温泉资源之间的权利联系被割断，法律定义的温泉资源所有权就将成为控制温泉资源的唯一合法性的来源。另外，镇政府的问题还在于，其属下的水利会只持有取水证，而没有办理采矿证，2010 年马星温泉的状况类似于之前油田钟山下温泉的大自然温泉山庄，如果后进者先行办理了马星温泉的采矿证，马星温泉的控制权就需要经过作为取水证持有者的镇政府与采矿者持有者协商才能确定。

（二）镇政府的招商计划

2010 年初，马星温泉的实际使用权和收益权都被马星村等几个社区实际占用，但镇政府并不急于纠正这种"非法"行为，因为随着永汉镇区位条件的成熟，越来越多的开发商试图开发马星温泉，很多项目的征地工作已经进入正式程序，征地过程中必然绕不开对社区温泉使用权利的赔偿问题，在开发的名义下，一切都将更加容易解决。

镇政府的工作重点是如何在这一次开发中引入更多的大企业，迅速拉动永汉镇的经济发展。永汉镇政府继 20 世纪 90 年代初期开发潮过后，2010 年开始再次变得门庭若市，各方投资者都争相进入永汉镇，其开发主题则多半与温泉有关（表 3.5）。

表 3.5　永汉镇近中期开发项目一览

项目名称	开发主题	投资规模
富力地产综合性项目	温泉旅游、休闲、度假、体育运动、房地产	总投资 50 亿，一期 25 亿；占地面积 3300 亩
生活之源	以温泉、兰花为主题的五星级酒店	总投资 10 亿，占地面积 1000 亩
云顶酒店	温泉主题五星级酒店	投资 1 亿，占地 200 亩
龙之泉影视城	以温泉为主体的影视城	投资 3 亿，占地 240 亩
龙华山庄	温泉房地产项目	投资 3 亿

资料来源：永汉镇政府访谈整理。

　　镇政府在与各路开发商接触的过程中也了解到，温泉资源是吸引大企业进驻永汉镇的重要条件。便捷的交通、良好的生态和宝贵的温泉是永汉镇招商引资的取胜之道，缺少一个要素都将失去众多投资者的青睐。因此，镇政府也注意到对温泉资源的保护，除了利用属下的水利会办理了温泉水的取水证之外，镇政府也加强了对温泉开采行为的控制。基于大观园已经自己办证之外，永汉镇向外界表示属镇政府的水利会是永汉镇除大观园之外唯一合法的开采单位，并且在永汉镇范围内不再允许出现新的开采单位，以后引入的企业都可以使用水利会的取水口供水。

　　但是，镇政府所办理的只有马星温泉范围的取水证，并没有办理采矿证，甚至也不知道需要办理采矿证才可以成为真正的合法开采温泉单位。作为基层政府，镇政府与企业一样，也需要从县一级和省一级的资源行政管理单位手中获取合法的证照，从法律意义上说，镇政府并不比企业有更多获得合法开采权的优势。甚至在资源管理的经验上，基层政府比某些大企业要更缺乏，在镇政府与多家投资者谈判温泉水的供给问题时，镇政府在多方承诺各企业供水指标的同时，却并没有掌握到马星温泉的最大开采量，而这个核心数据将关系到永汉镇真正能够容纳多大规模的开发。

实际上，投资者进驻永汉镇的谈判方并不必然是镇政府，在中国的行政体制下，有实力的投资者往往选择同市、县一级政府直接谈判，此时镇一级政府将成为谈判结果的执行者，而不是谈判的参与者。这样的大投资者往往让基层政府处于被动地位，2010 年的永汉镇就面临这样的情况。

（三）走上层路线的大企业

在 2010 年永汉镇政府计划的统一供水计划中，有一个例外的开发商——富力集团。

> 富力集团进驻永汉是带有一个条件的，（条件就是）他们要有一个单独的取水口，而不是由我们供，……他们是直接和县里谈，具体情况我们也不清楚。（永汉镇某官员，2010 年 1 月 14 日）

进驻龙门县永汉镇已经是富力集团在惠州投资的第三个旅游、地产综合性大型项目，计划投资 25 亿元建设以喜来登五星级酒店为龙头，集温泉旅游、休闲、度假、体育运动、房地产于一体的综合性大型温泉生态旅游房地产项目，是当时龙门县旅游业投资最大、规模最大、辐射最大的引领项目。2009 年开始，富力着手进行马星温泉的勘探工作涉及近 4 平方千米的范围，这一范围显然已经将永汉镇政府办理取水证的水利会包括在内，一场从镇属企业手中争夺温泉资源控制权的故事注定将要上演。

富力集团的总裁在签约仪式上说：

> 龙门是珠三角的后花园，依托岭南山脉，拥有丰富的森林资源，生态环境优越，空气中负离子充足，是旅游度假的胜地，我们非常看好这块风水宝地……另一个重要原因是广河高速即将动工建设，并计划于 2010 年左右建成，届时广州到龙门的车程仅 50 分钟左右，龙门将由此进入珠三角一小时生活圈，成为珠三角理想的第二居所……我们对龙门项目很有信心，首期项目计划两年半左右建成，要建成全国一流，起码要建 2 家超五星级度假酒店，未来投资可能要追加到 50 亿元。（李朝荣、陈建清，2007）

富力集团与所有的投资者都能看清永汉镇所拥有的资源，经过资本运作之后存在的升值潜力，然而，并不是所有的投资者都能像富力集团这样一掷千金。

惠州市领导表示：

> 这一项目是龙门招商引资的重要成果，希望富力与龙门精诚合作，把项目建成惠州旅游示范工程，建成惠州生态旅游长廊上的亮点工程……富力地产进军龙门，对于推动龙门乃至惠州旅游业的发展有着深远的意义，对促进龙门乃至惠州第三产业的发展也将起到重要作用。（李朝荣、陈建清，2007）

龙门县负责人也表示：

> 富力项目的签约，无疑是龙门旅游业加快发展的重要标

志。广河高速将使龙门产生投资洼地效应，而富力的进驻，将产生品牌带动效应，未来几年龙门的旅游业将发生质的飞跃。"（李朝荣、陈建清，2007）

有了多次合作的基础，惠州市领导对富力集团的进驻十分支持，市领导的讲话突出了富力集团进驻龙门县的"重要意义"，而这种意义对于基层政府而言就变作了一种责任和义务。对于龙门县而言，帮助富力集团开发成功，其意义已经超出了带动区域经济发展的现实意义，在某种程度上也充满了让上级领导满意的政治含义。

2012 年，富力南昆山温泉养生谷项目开售，销售当年成交额逾 20 亿元。

七、小结

龙门县永汉镇的温泉距离主要客源市场珠三角城市距离较远，其温泉资源用以开发旅游的市场规模有限，这是导致永汉镇温泉资源长期未得到资本青睐的主要原因。在这种情况下，本地社区成为温泉资源的长期实际管理者，通过对温泉水与土地的捆绑租赁实现温泉资源的有限价值。市场的成长逐渐吸引了庄加庄温泉度假村的试探性投资，这类小规模的投资在龙门取得了不错的经济效益，并实现了龙门温泉旅游业的起步。但是，真正打响龙门温泉品牌的却是后进入的南昆山温泉大观园。大观园因为投资规模大，产品档次高，综合配套齐全，可以在更广域的市场上吸引客源，并从而将龙门温泉的形象推而广之。

在中国现有的矿产资源与水资源行政管理框架下，区域性的温泉资源在法律上只允许一个合法的开采者。这就使得地方政府面临在先进入的小企业与后进入的大观园之间的选择，大观园无论是从对龙门温泉的品牌推广，还是在对地方税收的拉动上，都比庄加庄和大自然温泉山庄等更有优势，使得地方政府在理性选择下一边倒地支持大观园接管区域温泉资源的控制权。实际上为了吸引大观园的资金进驻，地方政府提供的支持绝不仅限于温泉资源的控制权、直接的资金支持、转移的土地指标、政府部门成立专门的工作组协助开发等等，因此，大观园的成功背后，是地方政府运用行政手段千方百计降低投资方成本的结果。但是，大观园一篇繁荣的背后，却是大企业对温泉资源的粗放式利用，小企业因为失去温泉资源而被迫倒闭迁移，社区因为失去温泉的传统权利而对政府怨声载道。

第四章 国家主义的回归：
从化流溪温泉旅游度假区

一、从化流溪温泉旅游度假区

（一）区位环境

流溪温泉旅游度假区位于从化市东北部，良口镇南部（图4.1）。距广州83千米，距从化市区（街口镇）26千米，距温泉镇8千米，距良口镇3千米。105国道南北纵穿度假区，北达流溪河森林公园、黄龙湖森林公园及吕田镇，南经温泉镇、江埔街、太平镇达广州白云区。京珠高速公路穿越西南部，街北高速公路开通，规划的街东高速公路、汤良高速和增从高速在度假区西北和南面经过，初步形成以高速公路、国道以及省道为骨架的四通八达公路网。

度假区界线东北起鸭洞河北侧的共青路，西北以风火岭的分水岭为界，南至新瑞加油站北侧和黄獠岭，总面积约29.28平方千米。

度假区分布于流溪河两岸，地貌表现为岭谷相间、斜列分布

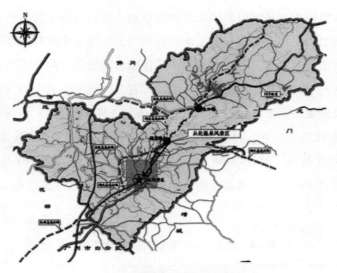

图 4.1　流溪温泉旅游度假区区位

的空间格局特征。中间为低平的河谷平原，地面平坦，地势微倾，海拔高度在 49—63 米之间。东南、西北分别为低山和丘陵区。北部地势较高，海拔约在 100—500 米之间；南部地形相对较低，起伏较和缓，海拔在 100—200 米之间。

区内气候温和，年均气温为 20.3 摄氏度，年均降雨量为 2050 毫米，雨量相对集中在 4—8 月，年均相对湿度为 85%。森林覆盖率为 60%，略低于从化市整体（68.8%），但因地处山区，森林的"凉伞"效应较明显。

度假区内温泉处于华南华夏系构造带于南岭东西向复杂构造带之佛岗—丰良东西构造—岩浆带南缘的交接复合地带，区内构造较为复杂，与热矿水关系密切的为北东向广从断裂带及与其成因有关的北西向断裂带。其中广从断裂带是本断裂的主体，北东起于良口镇水电站附近，向南西沿流溪河东南侧延长至高沙大队附近的硅化带断层，本组断层具有活动的长期性和多阶段性，伴随规模较大、持续时间较长的热液活动。北西向断层规模较北东向断裂要小，并受北东向主断裂的制约，主要集中成群出现在良口、塘料、米步三个区段，尤其是在塘料区更为集中，成为地下热水的运移通道，本组断裂裂隙的发育，是地下热矿水的良好通道及储蓄地。区内单井涌水量每天 162—1273 立方米，总涌水量每天 4173 立方米，水温 40—65 摄氏度。水质类型属碳酸钠型，矿化度每升 270—320 毫克，pH 值 8.6，偏硅酸每升 101 毫克，氟每升 10.7—12.0 毫克，为地温地热资源，定名为医疗用硅水、氟水。

表 4.1 流溪温泉旅游度假区温泉水质分析表

物质名称	单 位	浓 度
氡	贝克勒尔／升	15.6
钙（Ca^{2+}）	毫克／升	10.9
钾、钠（K^+Na^+）	毫克／升	44.5
氯化物（Cl^-）	毫克／升	3.8
硫酸盐（SO_2）	毫克／升	7.8
碳酸氢盐（HCO_3^-）	毫克／升	127.6
硝酸盐（NO_3^-）	毫克／升	—
氟化物（F^-）	毫克／升	5.5
二氧化硅（SiO_2）	毫克／升	69.8
pH		7.67
矿化度	毫克／升	30.9

资料来源：从化市地热资源开发与利用调研组，2009。

（二）历史沿革

1977 年，广州市民政局利用良口镇塘料村附近温泉资源兴建疗养院，揭开了流溪温泉旅游度假区开发的历史。

1994 年，从化成立流溪温泉管理委员会，对流溪温泉旅游度假区范围内的旅游开发建设和管理进行统一领导和协调。

1995 年，流溪温泉管委会委托广州市城市规划勘测设计研究院编制《从化流溪温泉总体规划》，划定流溪温泉旅游度假区总面积 18 平方千米。

2002 年时任广州市长的林树森视察从化时提出"广州市规划，从化市控制，广州市投资，从化市征地，税收归从化"，建设国际水平温泉生态旅游区的构想。

2003 年广州市城市规划局牵头组织对流溪温泉旅游度假区进行重新规划并将该区命名为"温泉养生谷"，度假区总面积扩大到 29 平方千米。

2004 年，广州市土地开发中心、从化市政府有关部门抽调 20 余人组成广州市从化温泉开发建设办公室，开始推进养生谷移民安置和招商引资各项工作。

（三）经济概况

流溪温泉旅游度假区范围内涉及良口镇的米埗村、塘料村、高沙村、良明村、塘尾村等 5 个行政村的用地，总计有 35 个自然村。区内有村民约 1405 户，5877 人，其中男性 2889 人，女性 2988 人，男女性别比例 0.967。平均每户 4.2 人，每户建筑面积 162.24 平方米，每户耕地面积 3.765 亩。

表 4.2　流溪温泉旅游度假区内行政村及自然村情况统计表

行政村	自　　　然　　　村
米埗	米埗村、高田、高地、洛一、洛二、洛三、庄贝、田心、豸前、六村、米三
塘料	塘料
高沙	热水、高沙、元山、带头、蕉花
良明	椴村、杉新、屋形、刘田、形村、松院、白土坡、台谭
塘尾	塘尾、山下、高田、坭龙、麦塘、江一、江二、山三、大一、大二

资料来源：流溪温泉旅游度假区管理委员会。

　　度假区用地属于良口镇，本区没有独立经济数据采集。依据 2007 年良口镇的统计数据，全镇人均 GDP 为 10765.1 元，全镇人口以农村居民为主，占 95.25%，农村居民人均纯收入 3150 元。区内经济产业类型以传统的农果副业为主，主要农作物除水稻之外，还有较大数量的水果（荔枝、三华李、柑橙、乌榄等）和蔬菜。

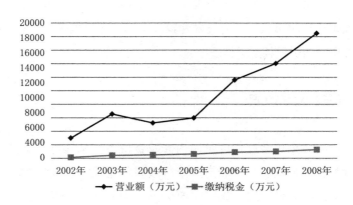

资料来源：流溪温泉旅游度假区管理委员会。

图 4.2　2002—2008 年流溪温泉旅游度假区营业额及缴纳税金统计

流溪温泉旅游度假区的旅游业发展速度很快。截至 2007 年，区内已经进驻 15 家旅游企业，全年接待游客 150 万人次，总营业额 1.3 亿元，税收收入 1046 万元（图 4.2）。随着度假区内征地移民安置工程——碧水新村的完工，亚运会马术场的建成及国际会议中心项目的建设，该区迎来新一轮的建设高潮。

二、自然温泉露头的消失：1973 年前

流溪温泉旅游度假区内的温泉水本是天然出露，并早有记载。1956 年出版的《中国温泉辑要》在对从化温泉的记载中有言：

> 汤泉一在县北四十里草石迳溪旁，一在县东北九十里黄六嶂下，有硫磺气，如汤沸，可煮生物。

其中"县东北九十里黄六嶂下"的温泉就是指流溪温泉旅游度假区内现在使用的温泉水。但是，与另外一处（从化温泉风景区）温泉相比，当时流溪温泉旅游度假区离城市距离更远，且不如从化温泉风景区环境僻静，作为疗养开发，从化温泉风景区更加合适。因此，直到 20 世纪 70 年代之前，流溪温泉旅游度假区内的温泉水都没有得到外界的关注。1965 年，广东省委曾派地质勘探队对此地的温泉进行过勘探，测得自然露头的温泉水温高达 72 摄氏度，"文革"开始后，勘探工作仓促结束。

此地温泉以本地社区使用为主。当时温泉出露在流溪河东侧岸边，这一带主要有热水村和塘料村两个村庄。其中热水村正好也在流溪河东侧，日常使用温泉水十分方便，而塘料村则位于流

溪河的西侧，当时此地没有桥梁，塘料村民并不常使用温泉水。据热水村村民回忆，当年村外流溪河的水面上常年都能涌出很热的泉水，冬天水面被热气笼罩。由于水温很高，当地村民除了每日担水回去冲凉之外，还常在流溪河旁几处泉眼处借用热水烫鸡去毛，小孩常年在热水的溪边嬉戏，当地人的生活与温泉息息相关。

但是，这种社区与温泉的自然关系并没有延续至今。1973 年，从化县政府在距离温泉出露点不远处的塘料村地界兴修了胜利坝电站，这个在当年从化县最大的水利工程的建设，导致上游热水村段的流溪河水位大幅上涨，之前在岸边出露的几处天然温泉露头全部被河水淹没，周边社区世代使用的温泉从此中断。为了补偿因为兴修电站淹没的土地和温泉水，胜利坝电站与周边村庄协议建成后每个月免费提供每人 3 度电给遭受损失的村庄。对于这件事，热水村和塘料村反映不一。塘料村在电站建成之前本也没有使用自然流出的温泉水，因此修建电站只涉及土地淹没的问题，对于电站提出的免费供电的补偿措施，塘料村普遍认为可以接受；但是，热水村之前一直用以全村人冲凉用的温泉水在电站建成后再也无法使用，这给热水村村民日常生活带去的变化是巨大的，热水村村民对电站仅用免费提供 3 度电作为补偿措施的做法明显不满。但是，碍于事发正值"文革"期间，"政治"气氛浓厚，与政府为了这点"争权夺利"的事情进行过多理论在当时看来很不合时宜，加之塘料村已经欣然接受电站的补偿条件，使热水村的村民不满显得很没有"觉悟"。因此，虽然整个热水村的村民个个觉得委屈，但最终也没有采取实质性的行动去争取更多的补偿，热水村自然取用温泉的历史就此结束。

三、温泉水井采用格局初形成：1977—1995 年

（一）广州民政局疗养院的率先进驻

1973 年建设胜利电站淹掉了热水村旁的天然温泉露头后，附近的村民便再无温泉水可用。但是温泉露头的天然涌出量很大，即使出露点已在流溪河水之中，当河水水位较低时依然可见温泉水从水面上涌出的场景。

到 20 世纪 70 年代中后期，相隔此处不远的从化温泉风景区已经发展成为家喻户晓的温泉疗养胜地，进驻的疗养单位和宾馆设施超过 30 家，年接待游客接近百万人次。与之相比，热水村这处静静从流溪河中涌出的温泉显得格外寥落。相隔不到 20 千米的距离，同属从化的地界，为什么两处温泉的发展差别如此之大？笔者认为，一方面是由于从化温泉风景区从民国时期就开始建设，其自然环境与文化积淀确实胜过热水村这处温泉；另一方面与当时的经济环境有关，计划经济体制下有能力和需求开发温泉的都是政府机关，温泉疗养设施的建设除了服务本单位的职工之外，也有接待上级领导的政治考量，从化温泉风景区在 20 世纪五六十年代先后接待过多位国家领导人和外国元首，这使得在温泉风景区内建设疗养院的政治意义格外突出。所以，各级政府机关在温泉风景区内扎堆建设疗养设施，而对相隔不到 20 千米的热水村的温泉却置若罔闻的现象也就不难理解了。但是，再大的水缸也有装满的一天。尤其是温泉风景区内进驻了省委、省政府、广州军区等大单位之后，后进的政府单位连使用温泉水都要通过关系才能从前述几家大单位得到，这在一定程度上也让一些政府机关望

而却步。广州民政局就是其中之一。

1977 年，广州民政局疗养院选址良口镇塘料村附近投入建设，成为了第一家建设在流溪温泉旅游度假区的单位。[①] 天然涌出的温泉资源是广州民政局考虑在此建设疗养院的关键因素，疗养院建设中的第一件事就是打一口温泉井（ZKA）。当年，附近的村民对这家从广州远道而来的疗养院非常欢迎，毕竟这是这个偏远山村的居民第一次有机会接触城里来的"干部"。征地划拨，各项建设进展的十分顺利。疗养院的"老干部"对附近的乡亲也十分慷慨，作为疗养院建设占用塘料村一些土地的补偿，温泉水井打成之后，疗养院出资安装了管道，将温泉水引到塘料村宗祠前，接上了水龙头，每天给塘料村免费供应 2 个小时的温泉水。这一举动在当时赢得了塘料村的民心，温泉水龙头的开通使塘料村比历史上任何时候都能更加方便地用上温泉水。

（二）良口镇政府的招商引资

20 世纪 90 年代之前，流溪温泉旅游度假区所在地区一直归良口镇政府管辖。良口镇地处从化北部山区，改革开放之前镇里主要经济来源是农业和小水电，1979 年农民人均收入 82 元，排在全县第九位，属于从化经济发展比较落后的地区。实际上，上天赋予良口镇的自然资源十分丰沛：有蜿蜒的流溪河，有天然出露的温泉水，有连绵的群峰。但是，在改革开放之前，这些山水资源并没有给良口镇带来实惠，旅游开发需要大量的资金投入，单靠良口镇政府显然难以负担。

---

① 广州民政局疗养院进驻时尚没有"流溪温泉旅游度假区"，后来流溪温泉旅游度假区划定范围时包括了广州民政局疗养院。

　　虽然良口镇不具备开发辖区内自然资源的实力，但是镇政府很早就开始关注自己辖区内的温泉资源，这一方面是由从化温泉风景区给良口镇带去的启示，另一方面，广州民政局疗养院的进驻也让良口镇意识到利用温泉资源发展地方经济的时机已经临近。1989 年，良口镇政府在财政并不宽裕的情况下，通过多方协商，由流溪河电站出资在距离广州民政局疗养院温泉水井不远处为良口镇政府打造了当地第二口温泉水井（ZK4）。良口镇打井的意图十分清楚，先将温泉资源控制在自己手上，以便在日后的旅游项目招商中把握主动，以免步入温泉镇当时温泉水管理失控的窘境。事实证明良口镇这一举措非常明智，随着邓小平南方谈话和十四大的召开，全国各地掀起投资热潮，良口镇的地方经济也开始显著增长（图 4.3）。到 20 世纪 90 年代中后期，良口镇的山水资源优势开始凸现，流溪温泉旅游度假区、流溪河国家森林公园、黄龙湖度假区、广州抽水蓄能电站等一批景区在良口境内涌现，旅游业逐渐成为主导良口镇地方经济发展的生力军。良口镇自己打造的温泉水井也产生了积极作用，1999 年和 2002 年良口镇成功引进广州市宣传文化干部培训中心（文轩苑）和中南空管局培训基地（碧水湾度假区），并签订协议由良口镇供应温泉水。

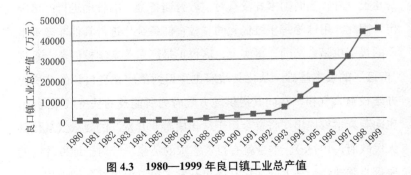

图 4.3　1980—1999 年良口镇工业总产值

虽然日后流溪温泉旅游度假区的发展完全超出了良口镇的预计和控制，但是站在良口镇的角度，通过率先打井掌握温泉资源的作为，对其之后一段时期内引导温泉项目的发展大有裨益。

（三）广东英豪学校的开发计划

1993 年 3 月，中联实业有限公司、广州发电厂、中大岭南培训学院联合投资，选址良口镇塘料村创办广东英豪学校（原名中华英豪学院）。创办初期，广东英豪学校在全国首创"教育储蓄金"办学模式，通过收取"教育储蓄金"实现了学校的迅速发展，仅仅几个月的时间就完成了幼儿园、小学、中学的建设，并实现了数字化、信息化的校园工程建设工作，被业界誉为"英豪速度"。之后，英豪学校又史无前例的完成了与创始单位脱钩，成为全国唯一产权归校的民办学校，之后又成功介入资本市场，完成对上市公司的收购并创办了属于自己的高科技产业。本研究不再累述广东英豪学校在教育界创造的"奇迹"。

正因为这些"奇迹"的产生，广东英豪学校一时间成为当时从化县政府眼里的"香饽饽"。广东英豪学校办学初期采取的"教育储备金"模式使其在短时间内募集了大量资金，除了用于学校自身建设以外，当时国家并没有对"教育储备金"的管理进行严格限定，因此，用这笔每年过亿元的"教育储备金"进行其他非教育事业的投资也是合法的，事实上，这也正是广东英豪学校创造一系列"奇迹"的资本基础。从化县政府也意识到落户在良口镇的这所民办学校财大气粗，在向其提供地方政府力所能及的扶持政策之际，也向英豪学校提出"将资金用于从化旅游业开发"的要求（从化县人民政府，1993c）。本身就有投资需求的英豪学校对于地方政府的要求心领神会，马上向从化县提出开发"第二温泉城"的设想，在递交给从化县政府的关于开发"第二温泉城"情况汇报中写道：

> 我中华英豪学校小学目前招收学生 750 人，今年能筹借的资金为 1.2 亿元，明年可筹借 3.6 亿元，根据从化县政府指示，要求我们将资金用于从化旅游业的开发，对此我校发起单位一致同意开发从化"第二温泉城"。目前我们作了初步设想，准备在良口开发 3000 亩地，第一期 1000 亩，用于建设"世界别墅区"。估计总投资 50 亿元，资金主要来源：今明两年学校招收中小学生 2400 人，向家长可筹借 4 亿元，用此资金启动"七通一平""广告设计及宣传"，然后向学生家长招商，只要国家政策优惠，可望融资 20 亿元左右。

虽然从化温泉成名已久，但由于从化温泉风景区内几家大单位过于强势，从化地方政府对从化温泉这块"金字招牌"的发展丧失主导权，一直郁郁不得志。英豪学校提出的"第二温泉城"的设想无疑触动了地方政府最敏感的神经，这份开发报告递到县政府不到 10 天就得到回应。从化县肯定了英豪学校提出的开发"第二温泉城"的设想，就报告中提到没有 1∶1000 地形图用于规划设计的问题，县政府安排建委和国土局在原有地形图的基础上迅速展开补测工作，以满足"第二温泉城"开发过程中规划设计的要求。不仅如此，在短短不到两个月的时间内，从化县政府就抽调良口镇、建委、国土局、水电局、矿委办等相关部门，联合中华英豪学校成立"良口温泉资源勘查开发领导小组"，并于 1993 年 9 月召开了第一次工作会议。会议决定：第二温泉城的规划占地面积为 12 平方千米；立即进行良口温泉资源的勘探测量，并成立规划小组，由良口镇政府和广州中联公司牵头，具体工作由良口镇政府组织，县建委、国土局、矿委办、水电局等单位协助。县政府要求各合作单位要抽调最得力的人员参加筹备工作，并要求国土局打破常规，争取在 10 月 15 日前拿出地形测量图，年底开始开发。英豪学校校长陈忠联当即表示，英豪学校负责筹集开发"第二温泉城"所需资金，并在塘料疗养院设立办公地点，国庆节后便着手开始规划工作。

从"第二温泉城"的提出到前期的规划设计，英豪学校都是最积极的参与者。不过耐人寻味的是，在"良口温泉资源勘查开发领导小组"第一次会议上，第二温泉城最后确定的占地面积为 12 平方千米，而不是英豪学校之前提到的 3000 亩（约 2 平方千米）的计划。这一方面说明从化县对于"第二温泉城"有着更高的期待，另一方面也意味着从化县政府并不打算将"第二温泉城"完全交由英豪学校独自开发，如此大的占地面积使得从化县政府在开发之后有更大的空间做更多的文章。实际上，从化县政府早已有意对将热水村、塘料村附近地段开发为度假区，在英豪学校提出"第二温泉城"之前，已有港商向从化政府提出开发这一带的规划构想，只是就港商与英豪学校相比，无论是开发理念还是资金实力，政府都更倾向于选择后者作为自己的伙伴合作。值得一提的是，当时县常务会议上讨论港商提出的开发热水村度假区的问题时，政府明确表示："不管哪个外商，哪个单位开发，县政府办发文都必须明确水资源的管理权属县政府。冷、热水管理由县（镇）成立供水公司统起来，实行统一开发，统一使用。"这说明县政府对于温泉资源的控制早有打算，但是在与英豪学校合作规划建设"第二温泉城"的初期，县政府却一反常态，任由英豪学校自己打井，1994 年英豪学校一共打造了 4 口温泉水井（ZK1、ZK2、ZK3、ZK6）。很难辨明这是县政府为了吸引英豪学校投资做出的让步，还是有意在初期回避这一敏感问题留待日后解决，但是，即使地方政府对英豪学校打井之举不闻不问，英豪学校打这几口温泉水井的也是一波三折。

（四）英豪学校"扶贫"热水村

英豪学校进驻初期并没有明确表露出开发温泉项目的意图，附近村民对这所民办学校的征地建设也比较配合，建校伊始在塘料村征地 200 亩十分顺利。但是，自打开发"第二温泉城"的计划曝光，周边的村民开始惊叹于这个学校不是那么简单。

自从良口镇 1989 年自己打出一口温泉水井以来，关于要开发良口温泉的流言渐多，附近的几个村一直关注着事态的进展，尤其是热水村，这个曾经世代使用温泉水的村庄，在 1973 年胜利电站淹掉温泉露头之后，一直在等待机会恢复自己的天然权利。无奈之前民政局疗养院选址塘料村，征地范围也在塘料，隔着一条流溪河的热水村眼看着塘料村通了温泉水，自己却什么好处都没有落着。再接着，良口镇政府又打了一口温泉井，政府打井的目的是吸引投资发展地方经济，而且温泉资源本也是国家资源，热水村找不到理由向政府提出自己的诉求，只好将希望寄存于后面进场开发的投资商们。

英豪学校一开始的征地和打井都在塘料村的地界，和隔着流溪河水的热水村本无关联，但是事情后来出现了变化。英豪学校选址东临流溪河，西北两面环山，东面靠着塘料村，地理环境十分适合学校的封闭式管理，但是唯一不足的是，进出学校的道路只能经过一条塘料村的小路，这条小路宽不到 5 米，且从塘料村正中间穿过。不仅师生进出交通不便，英豪学校这所"贵族学校"也因为塘料村的村容村貌大打折扣。如果通过改建塘料村的小路，牵涉到搬迁安置，矛盾重重且价格不菲，经过研究，英豪学校决定在流溪河上新建一座桥梁（从化县人民政府，1993d），直接与105 国道连接。这座后来落成的大桥，一头对着英豪学校的大门，另一头正好对着热水村。

大桥的建设使热水村喜出望外。用于建设引桥在热水村需要征用的 10 亩土地，热水村十分配合，并借机与英豪学校的领导搭上了关系，热情地向其介绍热水村的情况。得知英豪学校还有继续征地的意图后，热水村干部主动表示愿意做通村里的工作，积极配合英豪学校的建设需要。几次接触之后，英豪学校觉察到热水村与塘料村的不同。塘料村先有民政疗养院进驻，后有英豪学校的建设，不仅英豪学校有继续征地的需要，地方政府也早已展开行动向其他投资者兜售这块熟地，这导致塘料村的土地征用出现供不应求的局面；与之不同的是，热水村在大桥建成之前受阻于流溪河的天然屏障，开发时机尚不成熟，土地市场尚鲜有人问津，但是随着大桥的建成，热水村变成最靠近英豪学校的地方。此种情况之下，英豪学校随即向热水村提出 200 亩的征地要求，热水村欣然接受。按每亩1.2 万元的价格在短短几天时间就将土地交付良口镇政府转让给英豪学校使用，这在以往的征地过程中是十分罕见的。热水村并非一时冲动，虽然在征地过程中热水村拿出了极大的诚意，但在征地之外，热水村也提出了自己盼望已久的诉求：请英豪学校在打井时顺带给热水村打一口温泉水井。对于这个朴实的要求，英豪学校也表现出自己的慷慨，随即由良口镇政府作担保，同热水村签了一份协议：答应出资"扶贫"热水村，于 1994 年年底前出资打造一口温泉水井交付热水村管理使用。

1995 年 12 月，英豪学校履行协议为热水村打造了一口温泉水井（ZK9），并交由热水村自己管理使用，从此，热水村拥有了自己的温泉水井。

对于英豪学校为热水村打井的事情，塘料村十分不满。英豪学校施工建设的地方都在塘料村界内，包括热水井的打造地点也都属于塘料村，英豪学校打温泉井对塘料村一点补偿都没有，却对热水村进行"扶贫"。1994 年英豪学校打井过程中，塘料村多次进行阻挠，要求英豪学校也为自己打造一个温泉水井。当时前期塘料的征地工作已经结束，大桥开通之后，英豪学校连路都不从塘料村经过，对于塘料村事后提出的打井要求，英豪学校自然没有答应，后通过地方政府的协调，塘料村只能草草作罢。

（五）天利公司与塘料村合作打井

塘料村没能从英豪学校手中争取到一口温泉水井，一方面是由于塘料村没有把握好与英豪学校谈判的时间与尺度，另一方面也因为英豪学校当时作为"第二温泉城"的主要投资者，受到地方政府的庇护。这件事情让塘料村人一直不能释怀，尤其是作为邻居的热水村已经从英豪学校手中得到一口温泉水井的事实让塘料村耿耿于怀。村里的干部至今提起英豪学校，还是满腔的埋怨：

> 所有到我们塘料村开发的（企业）都有利益（给村里），英豪学校一点利益都无。胜利电站免费给我们村供电，凤凰山庄供了温泉水，英豪学校就咩都无。（塘料村村干部，2009 年 10 月 3 日上午）

但是，吃一堑，长一智。塘料村在这件事上留下的不仅是遗憾，也增长了与开发商进行谈判的经验。

1995 年，从化市水利局下属企业天利公司来到塘料村，准备打造新的温泉水井。刚刚从英豪学校吃了亏的塘料村岂会让天利公司轻易打井，塘料村以土地属于塘料村为由，不允许天利公司的钻探队进入塘料村进行钻井工作，要求以合作的形式分享温泉水井。天利公司起初并不愿意接受塘料村提出的分享温泉水井的苛刻要求，但是经了解，可以开采温泉的范围只有塘料与热水两个村，热水村在 1994 年就已将可以打井的大部分范围土地出让给了英豪学校，而且英豪学校当时尚未给热水村打井的情况下，热水村也不太敢再帮助其他单位在自己的地界内打井。如此，塘料村成为天利公司打井绕不开的土地主。最后，天利公司与塘料村委谈判后签订协议，天利公司出资，塘料村出土地，双方合作打井，利益均分。

不过天公不作美，天利公司斥资 160 万打出两口温泉水井，其中一口水温只有 37 摄氏度，无法利用，另外一口水温 55 摄氏度，但水量只有每天 150 立方米。如此小的水量，难以满足大的投资开发需要。时隔不久，天利公司开始改制，无暇顾及温泉水的开发，塘料村借机将这口水井租给附近几家小型的温泉旅馆，赚取租金。

（六）各自为政的温泉采供格局

至 1995 年底，流溪温泉旅游度假区已累计成井 9 口（见下页表 4.3），其中：英豪学校开发温泉井 4 口，日出水量总计 1840 立方米；良口镇政府开发温泉井 1 口，日出水量 936 立方米；热水村开发温泉井 1 口，日出水量 150 立方米；广州民政疗养院开发温泉井 1 口，日出水量 549 立方米；从化市水利局开发温泉井 2 口，日出水量总计 500 立方米。所有温泉井每日出水总量已达到 3975 立方米，接近 2003 年对此区域温泉资源储量勘查评估的日最大开采量 4173 立方米。

不仅如此，各个水井开发单位拥有水井的使用权和管理权，除天利公司因为自身原因没有使用温泉水井和广州民政疗养院的水井主要用于自供外，其他水井持有单位都怀有持井待租的心态。英豪学校发展初期资金实力雄厚，对于整个新温泉区域的开发介入很深，除了学校使用温泉水之外，在其计划开发的房地产、旅游度假项目中都牵涉到温泉水的使用，因此，1994年英豪学校一口气就打了4口井，还顺带为热水村打了一口，但是自己使用的只有水量较小的ZK1号水井，封存了两口，后期还向广州发电厂下属企业滴翠山庄供水。良口镇政府打井的初衷就是招商引资，流溪温泉旅游度假区前期最大的两家旅游企业文轩苑和碧水湾就是良口镇成功引入并由其向其供应温泉水的。热水村从英豪学校拿到温泉水井之后也并没有自用，而是转租给离村子不远的一家农家庄园。好在流溪温泉旅游度假区尚处于发展初期，进驻区内的用水企业不多，各自为政的采供格局也足以应对各自的用水需求。

表4.3　1995年流溪温泉旅游度假区温泉井参数汇总表

孔号	水温（℃）	日出水量（m³）	施工日期	开发单位	使用单位
ZK1	54	156	1994	英豪学校	英豪学校
ZK2	41	160	1994		封存
ZK3	58	420	1994		封存
ZK6	57	1104	1994		滴翠山庄
ZK4	55	936	1989	良口镇政府	文轩苑
					碧水湾
ZK9	45	150	1995	热水村	农家庄园
ZKA	55	549	1977	广州民政疗养院	广州民政疗养院、塘料村
ZKB	55	250	1995	天利公司	封存
ZKC	38	250	1995		封存
合计		3975			

资料来源：流溪温泉旅游度假区管委会。

　　但是，缺乏统一协调的打井过程已经暴露出一些潜在的问题。因为水井由不同单位打造，缺乏统一勘查与规划，有的单位甚至是没有经过任何勘探根据经验直接打井，结果导致大部分的温泉井都集中在英豪桥头半径不过500米的区域之内（图4.4）。经勘查检验发现，流溪温泉旅游度假区存在多口水井共享同一个次生热储的情况，对于一个区域面积小于1平方千米的次生热储，本来一口温泉水井就足以完全覆盖，但流溪温泉旅游度假区内在不到1平方千米的地面上已经分布了9口温泉水井，导致各水井抽水的互相干扰非常明显，群孔抽水的出水量远小于单孔抽水水量的总和。

　　对于这种各自为政的采供格局，从化政府早已在从化温泉风景区的发展中吃尽了苦头。有了前车之鉴，虽然当时流溪温泉旅游度假区的温泉资源还不存在总量危机，但从化政府统一管理温泉资源的举措已在紧锣密鼓的展开之中。

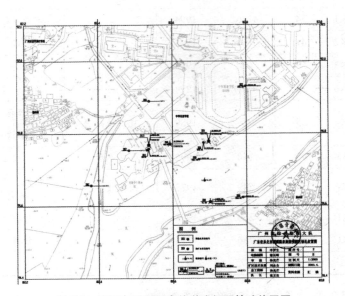

图 4.4　1995 年流溪温泉旅游度假区钻孔位置图

四、流溪温泉管委会的角色与作用：1996—2003 年

（一）流溪温泉管委会的成立

1994 年 9 月，从化市政府向各镇政府及市属副局以上单位发出通知重申，"良口新温泉地下热水资源的所有权、开发权属市人民政府，任何单位和个人无权占用，未经批准，不得开发和使用地下热水资源"（从化市人民政府，1994）。并委托市水电局实施良口新温泉地下热水的开发管理，并要求"现已打井的要向市水电局申报登记，水电局统计后将情况报市政府"。市政府同时规定："今后，任何单位和个人需要使用良口新温泉地下热水资源，必须按规定申报，首先送市水电部门审批，提出意见，再呈市政府批准，未经批准的开发，市政府将依法给予处理。"

《水法》和《城市供水条例》已经赋予了地方水行政部门以管理的职能，因此，从化市政府希望通过主管水资源的职能部门——水电局来实现流溪温泉地下热水的统一管理。但是，事实表明，由水电局管理流溪温泉地下热水资源的设想难以实现。首先，地下热水不仅受到水行政部门的管理，作为一种矿产资源又同时受到地矿部门的管理，水电局并没有权利整合地矿部门的相关职能。其次，由于流溪温泉已经形成多家单位开采的格局，水电局在此地区没有实权，要收回已经形成的温泉水井的难度较大。由水电局负责统管流溪温泉地下热水资源期间，不仅没有能够纠正各自为政的开采格局，1995 年水电局下属天利公司还在良口多打造了两口温泉水井，加剧了流溪温泉多头格局的复杂局势。

经过研究，市政府决定成立专门的机构来统一管理流溪温泉

的开发建设及温泉资源管理工作，1995 年，新温泉管理委员会
（后改名流溪温泉旅游度假区管理委员会）成立，并同时成立新温
泉旅游发展总公司，一套班子，两块牌子。在市政府印发的新温
泉管委会职能中写道：

一、新温泉管理委员会是人民政府的直属正局级机构，
行使度假区内的行政管理权。

二、负责度假区总体规划的组织实施，牵头组织编制度
假区的小区规划。

三、负责区内工程建设项目施工的监理。

四、协调区内各企事业单位的关系。

五、负责区内企业的安全生产、治安、卫生等管理。

六、受市政府委托，负责度假区内地下热水、自来水的
统一规划、开发和管理，并将以前各单位在区内已开采的热
水井和已有的开发经营设施统一收归管委会管理。

管委会的成立，明确了地方政府在良口新温泉开发过程中的
管理主体，对于提高流溪温泉的开发进度与工作效率作用明显。
但是，管委会的成立同时让先期深入介入流溪温泉开发的英豪学
校地位十分尴尬。两年多的时间，英豪学校已经在规划设计、广
告招商、地形测量、地质勘探、钻井、建桥等方面花费共计 1000
多万元（中华英豪学校，1997），但是英豪学校从其自身投资回报
考虑所设计的开发方案显然难以满足地方政府的要求，管委会成
立之后，协商由管委会、良口镇、英豪学校三家成立联营公司，
设董事会，由投资多的一方委派董事长，董事会其他组成人员由
各方协商推荐，联营公司统一组织土地的开发经营。但是，对于
流溪温泉以后的经营模式、发展方向等诸多方面，英豪学校与管

委会之间发生了巨大的分歧，多次协商未果之下，英豪学校于 1995 年 11 月决定退出共同开发流溪温泉项目的工作（中华英豪学校，1995）。

英豪学校的退出，一方面使得流溪温泉开发中的投资主力撤出，管委会必须解决开发流溪温泉的经费问题；另一方面，管委会作为整个新温泉区域的管理主体地位更加明确。良口镇政府管辖在这一阶段与管委会同属地方政府机构，英豪学校退出后流溪温泉的开发进入政府主导的阶段。

（二）温泉水权的收归

1. 对收归温泉水权行为的条文化表达

管委会成立的第一件事情就是要实现温泉资源的统一管理。温泉资源是流溪温泉旅游度假区吸引投资的核心资源，只有将温泉资源掌握到管委会的手中，才便于管委会日后在流溪温泉旅游度假区的发展中掌握主动权。实现温泉资源统一管理的问题分成两个层面：第一，如何收回之前由不同单位开发的温泉水井；第二，如何指导规范日后的温泉开发。其中，尤以第一个问题最为关键，因为目前已经开发的温泉水井多达 9 口，开采总量接近每天 4000 立方米，如果理不顺这些温泉水井的权属关系，就谈不上规范日后的温泉开发。

从化市的立场十分清楚，流溪温泉旅游度假区内的温泉资源的开发管理权属于从化市政府，之前投入开发经营的温泉设施必须收归从化市统一管理。从化市委托管委会行使对流溪温泉地下热水的管理权。就此，管委会专门成立了热水管理公司，负责对区内的温泉资源实施统一开发、管理和收费。

为了方便管委会开展收归水井产权的工作，1996 年 11 月从化市政府正式出台了《从化市流溪温泉旅游度假区供水管理暂行规定》和《从化市流溪温泉旅游度假区供水管理实施细则》，并印发 200 份给各有关政府部门和企事业单位。在细则中明确了管委会对流溪温泉旅游度假区内温泉资源的管理权：

> 第三条　流溪温泉地下热水、冷水实行统一规划、统一开采、统一管理和计划供水。
>
> 第四条　在流溪温泉辖区内从事自建设施供水和使用公共供水的单位和个人，必须遵守本规定。
>
> 第五条　流溪温泉旅游度假区管理委员会（以下简称管委会）负责管理辖区范围内的供水工作。
>
> 本规定实施前已开发的热水井，由管委会按有关规定核定的实际投入资金折价收回统一管理。原单位继续使用热水的，需重新办理申请供水手续。

这两份管理办法的出台，为管委会收归流溪温泉旅游度假区内温泉资源管理权提供了法律依据。因为条文化的规定与现实情况还存在较大差距，在发送至各温泉水井持有单位时引起了极大的抵触情绪，但是这两份行政办法为管委会日后的温泉资源收归工作奠定了坚实的合法性基础。

2. 英豪学校形式上的收归

作为流溪温泉旅游度假区开发前期的投资方，英豪学校打造了 4 口温泉水井（ZK1、ZK2、ZK3、ZK6），每日开采水量达 1840 立方米，按照管委会的要求，英豪学校缴纳的报装费一项就高达 5520 万元之多。

英豪学校向从化市政府提出，愿意将 4 口温泉水井移交管委会统一管理，并按照相关规定缴纳热水资源费。但是，"在 94—

95 年钻井报批时，政府没有规定要收取投资钻井单位的报装费，我校（英豪学校）认为不能拿现在的文件规定来要求以前钻井单位按现在的规定交纳费用。如果我校在贵府下达文件之后又钻了井，理应按现在的文件规定执行。当时钻井时如果政府有规定要交每吨 3 万元的报装费，我校也不会去钻井，也拿不到合法的取水证"。除此之外，英豪学校认为"虽然热水资源是国家的，但是土地使用权和投资是英豪学校的，凡是投资都要有回报，对外单位和个人从英豪学校热水井接水的，其报装费和税费应按一定比例与政府分成"（中华英豪学校，1997）。

从化市政府批复"你校应按规定向新温泉管委会缴交报装费、水费和地下热水资源费。以前投入三口热水井的费用，经核实后，由新温泉管委会一次性补偿"。并强调"今后任何单位接驳使用你校热水，必须经新温泉管委会同意，并按规定提出申请，经审批同意并缴纳报装费、水费和地下热水资源费后才能使用"（从化市人民政府，1997）。市政府的态度很强硬，对于英豪打造水井的投资可以补偿，但坚持要求英豪学校缴纳报装费、水费和地下热水资源费，对于英豪学校提出对报装费进行分成的要求则根本未予理会。

从化市政府与英豪学校的正面交锋陷入僵局，管委会也进退两难。英豪学校作为最大的水井持有单位，对其水井的收归意义重大，不仅从水井数量上完成了将近一半的任务，也是对其他水井持有单位的一个示范。经过协商，1998 年 3 月，管委会与英豪学校签订了一份"英豪学校热水井使用权、管理权移交协议书"外加一份"水井承包合同"。在移交书中，英豪学校同意将英豪学校开发的 4 口温泉井的地下热水资源权归属管委会所有，热水井和抽水设施的使用权、管理权无偿移交给管委会至 2044 年，考虑到英豪学校为发展从化教育事业作出的贡献及前期开发热水资源所付出的投资，管委会免收英豪学校使用地下热水每天500立方米的报装费。在同时签署的"承包合同"中，管委会又将英豪学校内地下热水井供水业务给予英豪学校工程部承包，由英豪学校在承包期内全面负责英豪学校地下热水供水设备设施的管理、操作、保养、维修、供水等日常工作，管委会收取英豪学校供水量每吨1.5元的承包费。

这份合同既让管委会从名义上收归了英豪学校的温泉管理权，又没有妨碍到英豪学校继续使用温泉水井的利益，虽然管委会还不能完全控制英豪学校4口温泉水井的使用和供给，但是形式上实现了管理权的收归，这为管委会收归辖区内温泉资源的管理权开了个好头。

3. 良口镇政府的争权与温泉水井共管

从化市政府虽然委托管委会管理流溪温泉旅游度假区，但是区内很多行政职能仍由良口镇行使。管委会进驻后一直十分小心地处理与良口镇之间的关系。从化市政府规定流溪温泉旅游度假区范围内规划建设都由管委会负责，但是，1999年之前管委会只负责对已开发区域的企事业单位实施行政管理，良口镇则继续负责区内村民管理和未开发区域的行政管理，并与管委会对已开发区域内的企事业单位实施双重管理。从化市政府在管委会成立之初规定，1996年将区内项目报建费和建筑营业税按管委会占20%、良口镇占80%的比例进行反拨，1997年改为5∶5分成。对此，良口镇政府颇有微词，因为管委会进驻之前的招商引资都由良口镇完成，管委会进驻后的两年也没有能够引入其他企业，因此，良口镇认为管委会分享税利的行为属于"吃白食"，并多次向市政府反映，但均未得到从化市政府的支持。1999年，之前规定的税利分配年限一到，管委会再次报告从化市政府，提出"管委会需要资金规划、开发地下热水、搞市政设施、改善投资环境等，建议市政府在研究分配决定时，给予新温泉管委会分成比例重一点"的要求。良口镇再次表达了自己的抗议，要求考虑到良口镇财政紧张的问题，减免良口镇"四税"包干任务部分指标，并按2：8调整营业税的分成比例。最后，市政府还是倒向了管委会一边，将营业税比例调整成4：6分成，管委会占六成。

从化市政府对管委会的支持导致良口镇此后在流溪温泉旅游度假区的开发中逐渐淡出。但是，由于良口镇手上持有的 ZK4 号水井是由其自筹资金开发的，从化市政府也无权强令收归。经过一番讨价还价，管委会与良口镇政府于 1999 年 7 月签订收井协议，规定该井仍由良口镇政府日常管理维护，该井的报装费和水费收益由双方对半分成。2002 年，双方从中南空管培训中心和广州市文化局培训中心的报装费中各分成 341 万元（从化市人民政府调研科，2002）。

图 4.5　从化流溪温泉旅游度假区的供水设施

（照片摄于 2009 年 10 月）

4. 广州民政疗养院的不配合

广州民政疗养院是广州市民政局下属企业，早在 1977 年就进

驻良口。1996 年从化市一纸通知就要收回民政疗养院的温泉水井
ZKA，自然遭到强烈反对。接到通知后，民政疗养院以自己是广
州市优抚单位为由，拒绝了管委会关于收回温泉水井的要求。管
委会无奈之下请示从化市政府，从化市政府向广州市政府报告有
关情况，请广州市政府出面协调，广州市答复从化市政府，同意
从化市政府按相关法律规定解决民政疗养院的水井纠纷。问题在
于，民政疗养院属于广州市级部门直属单位，从化市政府出台的
"暂行规定"并没有约束市一级单位的权限，因此，民政疗养院态
度十分强硬，非但不同意将温泉水井交由管委会统一管理，也拒
绝缴纳热水报装费和水费。

对此，管委会也拿不出更好的办法，类似于从化温泉风景区
内的几家大单位，仅凭从化市的力量难以协调更高级政府直属大
单位的情况在流溪温泉内再次上演。至今，民政疗养院依然自行
管理自己的水井，也没有向管委会缴纳水费。

5. 热水村、塘料村回收未果

水井回收的过程中，除了民政疗养院这家大单位之外，热水
村与塘料村这两个本地社区也让管委会头疼不已。

热水村的温泉水井 ZK9 由英豪学校出资 20 多万元打造，成
功出水后交由热水村管理，出水量为每天 150 立方米。后来热水
村将温泉水井租给附近的农家庄园餐厅使用，并收取农家庄园每
年 3 万元的租金。管委会曾经与热水村协商，以 50 立方米温泉水
的报装费为条件收回 ZK9 号井的管理权，这 50 立方米可以由热
水村自己经营，正常收取水费。但是，由于热水村已经将水井以
每年 3 万元的价格租给了农家庄园，如果同意管委会的要求，热
水村与农家庄园之间的合约必须首先解除，农家庄园则要支付高
额的报装费给管委会，其中 50 立方米的报装费再由管委会支付给
热水村。这样一来，热水村不仅失去了自己的温泉水井，转交的

过程也颇为复杂，至于 50 立方米的报装费能否收到，则完全取决于管委会的诚信。热水村最后没有同意这个回收方案，坚持自己管理自己的温泉水井。

塘料村的问题更加错综复杂。塘料村当初与天利公司合作，以土地入股，天利公司出资共同打温泉水井，之后打成的两口温泉水井中的一口温度太低，成为废井（ZKC），另一口出水温度 55 摄氏度，水量较小（ZKB）。因为之前的协议是两个合作单位各自打造一口温泉水井后各自独立所有，最后只有一口水井可用，究竟归谁管理，如何管理，双方争执不下。不巧的是，属从化市水利局的天利公司水井打成之后不久就开始企业改制，这样塘料村委就暂时获得了 ZKB 水井的管理权。1996 年，管委会通过从化市水利局找到天利公司，要求收归两口温泉水井，天利公司称这两口温泉水井归天利公司与塘料村共同所有，如收回需三方协商。此时，塘料村已将 ZKB 供给周边几家小型的温泉旅馆使用，收取租金。塘料村自报两口温泉水井的造价 160 万元，如管委会要收归，需要原价补偿并支付利息。后管委会提出，以 100 立方米的温泉用水指标置换塘料村当初土地占有的股权给管委会。天利公司作为转制前从化市水利局下属企业，其当时的投资属于水利局的资金，因此对管委会的收归方案表示接受，而塘料村拒不接受，坚持索要 160 万元补偿款。双方争执不下，管委会下令封闭两口温泉水井。不过，据实地调查，周边的温泉旅馆依旧在营业，即表明这两口表面封存的水井实际仍然由塘料村出租给企业继续使用。

6. 继续打井的管委会

经过几年艰难的收井工作，从表面看，9 口水井中的 5 口水井的管理权收归管委会。但是，由于英豪学校先收归后租赁的合同，导致管委会实际控制的温泉水井只有 ZK3、ZK4 以及自己 1996 年打造的 ZK8，总出水量不过每天 2391 立方米（表 4.4）。

表 4.4 2003 年流溪温泉旅游度假区水井归属情况

水井编号	群控抽水量	管理权	实际控制权	备　　注
ZK1	53	管委会	英豪学校	
ZK2	54	管委会	英豪学校	
ZK3	250	管委会	管委会	
ZK6	847	管委会	英豪学校	
ZK4	1273	管委会	管委会	管委会实际控制的水量为每天2391立方米，仍有每天1291立方米的水量未得到实际控制
ZK8	868	管委会	管委会	
ZK9	65	热水村	热水村	
ZKA	187	民政疗养院	民政疗养院	
ZKB	85	塘料村	塘料村	
ZKC	—	天利公司	天利公司	
总计	3682			

资料来源：流溪温泉旅游度假区管委会。

流溪温泉旅游度假区发展至 2003 年，已经先后引入英豪学校、滴翠山庄、文轩苑、颐龙山庄、碧水湾 5 家企业，后续还有多家资金实力雄厚的单位正在与管委会洽谈之中。良好的发展势头让管委会喜上眉梢，但高兴之余又担心不已。问题在于管委会手中掌握的温泉资源已经报装殆尽，再引入新的企业就必须收归更多水井的实际控制权，但是几年的收归之路让管委会明白，剩下的都是难啃的骨头。

剩下的解决办法似乎只有一个，就是增开温泉水井。2004 年，温泉管委会在抽水干扰本已十分严重的情况下，又打造了一口温泉水井（ZK10），后经检测，群控抽水时该井的出水量是每天 441立方米。

（三）温泉水收费的体制难题

温泉水井的收归工作还在继续，但是前期回收的温泉水井已经给管委会带来了丰厚的回报。截至 2003 年，各进驻流溪温泉旅游度假区的企业已先后在管委会报装用水量 1710 立方米，如果按照每立方米 3 万元的报装费计算，仅收取报装费一项，管委会已经获得 5130 万元的收入。虽然很多企业并非一次性付清报装费，但是这笔分期付款的收入已经足够支撑管委会建设供水基础设施的投入，2002 年管委会办理了采矿许可证，流溪温泉旅游度假区也成为从化地区第一个拥有合法采矿许可的地区。

可以说，由温泉资源换取的利润是管委会不断壮大的基础。但是，就在管委会的各项工作有条不紊地进行之时，突然收到一封来自从化市物价局关于吊销管委会收费许可证的通知。2001 年广东省物价局在对从化市自来水收费进行检查之时提出，按照省治理乱收费工作办公室《关于公布第一批取消市定收费项目的通知》（粤治费〔1997〕7 号）的规定，流溪温泉旅游度假区收取的温泉水报装费属要求取消的自来水管网费之列。后管委会提出将用水报装费改名为"地下热水开发建设费"报广州市物价部门审批，仍属取消序列不予批准。于是 2002 年从化市物价局向管委会发出了吊销其收费许可证的通知。

事情发生之后，管委会立即上报从化市政府协商解决。从图4.6 的管委会行政架构中可以更加清楚地辨析其收费的问题。管委会是从化市下属正局级单位，2003 年之前对温泉使用企业收取的热水报装费直接上缴管委会，管委会上缴市财政局后，由后者返还 60% 给管委会，管委会再将资金拨给流溪温泉物业管理公司进行热水开发的建设。这种典型的行政单位收取费用的行为确实违背了省治乱办的相关规定，如果仅仅是更改收费项目的名称，确实没有解决实际的问题。后经过从化市政府调查了解后，责令管委会将热水报装费下放到流溪温泉物业管理公司收取，收费的性质变为经营服务性收费。

经过收费主体由行政事业单位向经营性单位的转变之后，这笔报装费的收取暂时获得了合法性。但是，紧接着政企分开的改革再次让管委会的收费体制出现了困境。负责收费的流溪温泉物业管理公司属于需要改制的国有企业，投资主体是从化市直属的管委会，流溪温泉旅游度假区公司的所有开支都由管委会支取。但是，广东省国企改革中，流溪温泉物业管理公司属于必须与政府脱离干系的企业之列，其投资主体必须更换为私人。2006年，流溪温泉物业管理公司的经营许可证被工商部门吊销，理由是其政企不分的性质。这样，报装费的收取再次成为难题。

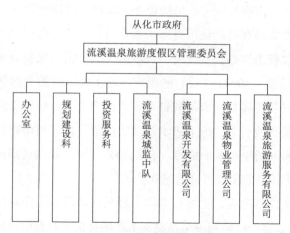

图 4.6　流溪温泉旅游度假区管委会的行政构架

这个问题至今尚未得到解决，因为一旦将流溪温泉物业管理公司转制成为私营企业，则断掉了管委会的收入来源，政府主导的温泉管理模式将不复存在。

五、广州市介入下的新阶段

（一）广州市政府的参与过程

管委会设立之初，从化市政府拨款 50 万元作为启动资金，管委会通过银行贷款、单位和个人借款建设起一间加油站及行政综合楼，定编在岗人员 15 人。发展到 2002 年，管委会总负债达661 万元，其中银行贷款（含利息）280 万元、公司借款 157.7 万元、个人借款 15.9 万元、公司应付款项 207.4 万元（流溪温泉旅游度假区管委会，2004）。虽然温泉水的收归工作初具成效，但其所得与整个流溪温泉旅游度假区开发建设所需要的资金相比，缺口仍然很大，加之管委会建立之初负债累累，2002 年管委会将加油站转让以资抵债，财务状况堪忧。

2002 年 8 月，时任广州市领导视察从化时，向从化市政府提出了对流溪温泉旅游度假区采取"广州市规划、从化市控制、广州市投资、从化市征地、税收归从化"的开发思路，即由广州市出资，从化市负责征地工作，征地完成之后要交给广州市负责招拍挂，引入的企业的税收归从化所有。当时广州市政府对此的指示是："由市的部门参与进来，并不是要与从化市争利，主要是要指导、控制土地的利用。开发新温泉，要先把土地严格控制起来，不能交给房地产商去开发，那是不可能建设好的。"（中共广州市委办公厅，2004）这一提法立即得到从化市政府的积极响应，2003 年由广州市城市规划局组织开展流溪温泉旅游度假区总体规划的编制，规划区面积从 12 平方千米扩大到 28 平方千米范围，并将新的规划区重新命名为"从化温泉养生谷"。2004 年 9 月，广州市政府在从化召开办公会议，对养生谷的开发做了总体部署，积极推进"养生谷"的进程。2004 年 10 月，从化市委、市政府、广州市土地开发中心在文轩苑召开会议，研究从化流溪温泉旅游度假区土地开发有关问题。会议决定，组建从化流溪温泉旅游度假区项目管理办公室，内设征地拆迁、开发建设、计划财务、综合四个工作组。由广州土地中心的领导担任办公室主任，广州市主要领导和广州市土地开发中心主要领导担任副主任。各组组长由从化市派人担任，广州市土地开发中心派人担任副组长，负责联系工作。流溪温泉旅游度假区项目建设实施社会化管理，采用代建制、项目管理的模式；市区之间的关系，操作上采取"市区（县级市）二级、以区为主"模式，广州市土地开发中心主要负责"总体组织策划、计划资金统筹、方案标准预决算审核和对上的报批和协调"工作，从化市作为项目建设实施管理实体，主要负责项目执行、现场管理等工作（从化市人民政府办公室，2004）。

对于广州市对流溪温泉旅游度假区开发的介入，各方褒贬不一。

这种开发模式从化吃了大亏，土地的招拍挂在广州市进行，土地出让金也是广州市得了，从化市只负责征地拆迁，企业的税收虽然归从化，但是企业到底能不能经营得好，现在还很难讲。（从化市政协某官员，2009 年 9 月 3 日下午）

我不认为广州市的介入是坏事，流溪温泉这么大的摊子，开发都需要钱，从化市自己拿不出钱来，管委会搞了近 10 年还是这个老样子，广州市的资金进场，仅移民安置就投了 12.8 亿元，这几年的开发速度很快，到处都在搞开发建设，如果让从化市自己搞，根本不可能。（流溪温泉旅游度假区某工作人员，2009 年 11 月 18 日下午）

广州市介入之后带来的变化显而易见，截至 2007 年，广州市方面累计投资 12.8 亿，建成安置区——碧水新邨一期、二期工程 12.6 万平方米，共 1106 套住宅搬迁入住，完成征地拆迁 2916 亩，回收国有土地 5 宗，面积 271 亩，广州亚运会马术场馆基本建设完成，成功引入华熙温泉酒店项目总投资 3.8 亿元，侨鑫集团商务度假区项目总投资 10 亿元。流溪温泉旅游度假区的开发进入快车道。

（二）整体搬迁的社区解决模式

广州市投资从流溪温泉旅游度假区的目的是多重的。

首先，投资从化是对从化市作为广州市城市总体发展格局中"北优"战略的重要实施者的一种补偿。所谓北优，就是要将自然环境放在第一位，严格控制重化工产业的进驻，这对于从化市的财政增长是十分不利的。为了补偿从化对广州市整体发展格局做出的牺牲，广州市财政每年定额拨付从化 1000 万元资金作为补偿。但是时间一长，这笔补偿资金相比于从化市失去的发展机会日益显得单薄。因此，通过对流溪温泉旅游度假区的投资帮助从化市发展旅游产业，也是广州市对从化市丧失的发展机会的补偿。

其次，广州市的投资也并非无利可图。从化市的地价一直是广州市的凹地，尤其是近年来房地产市场火爆，地价普涨的前提下，流溪温泉旅游度假区不仅区位便利，还拥有优质的温泉资源，具有可以预期的土地升值潜力，因此，广州市委托广州市土地储备中心直接参与组建流溪温泉旅游度假区项目建设办，并将土地招拍挂权利放在广州，目的就是从土地出让中快速收回投资。因此，土地开发成为广州市介入流溪温泉旅游度假区开发后的重中之重。

在流溪温泉旅游度假区内拟建设项目共有 17 个，涉及占用基本农田保护区的项目有 6 个，占用基本农田保护区总面积 1241.6 亩（从化市人民政府，2004）。征地时板上钉钉的事情，不论其他，就征地这件事本身而言，管委会是支持的。之前管委会在当地社区打交道的过程中没有少碰钉子，撇开至今没有收归的两口温泉水井不说，管委会在度假区建设中的一举一动都要免不了要遭到本地社区的阻挠。比如，管委会投资打造的温泉水井 ZK8、ZK10 由于在热水村地界之内，必须向热水村交纳每年 3 万元的"土地租用金"；在建设温泉供水水管的过程中，但凡通过居民的田地，都必须给这户人以"土地租赁金"，按管线长度计算，支付每米 3 元的租金。在流溪温泉旅游度假区内的 30 多个自然村让管委会如坐针毡，随时都可能有麻烦找上门来。基于一劳永逸的想法，项目建设办最终决定采取异地安置的整体搬迁方案，希望永久性地解决社区问题。移民安置区位于良口镇鸭洞河北岸，紧邻105 国道，与流溪温泉旅游度假区连为一体，规划占地面积约 700 亩，建筑面积 24 万平方米，可安置 1500 户被征地农民，约 6000 人（广东省城乡规划设计院，2005）。

征地拆迁的过程中，最棘手的是如何解决被征地农民以后的生活来源的问题。虽然项目办将为所有征地农民提供为期 5 年的基本生活补助，但是 5 年的时间要让所有农民从对土地的依赖中走出来并非易事。在调研中发现，不少农民在搬迁进现代化的碧水新邨之后，将楼前的草坪、花坛盘空后种上蔬菜，养鸡养猪的人也不少见。虽然碧水新邨的管理者积极地组织了几次就业培训活动，希望能让搬迁之后的农民到旅游企业中就业，但效果不好，尤其是上了年纪的农民，不愿意从事收入少且辛苦的服务工作。当时所有搬迁的村民都指望着政府在征地中承诺返还 10% 的旅游用地，这块最后会落到各个村社的旅游用地位于流溪温泉旅游度假区内。但是，问题在于土地按村社返还，总共 600 亩的返还用地被分散掌握在近 50 个村社手中，到底是由各村社自己运营，还是整合运营，大家心里都没底。如果这块土地运作得好，可以解决搬迁后村民的生计问题，如果运作出了问题，不仅不能解决生计问题，反而有可能使村集体背上欠债，雪上加霜。管委会也在积极参与到这块返还用地的工作之中，一切有待事态的进一步发展。

（三）新的温泉资源危机

至 2009 年 11 月，管委会已经批出温泉报装指标每天 3110 立方米，这个数据还没有包括民政疗养院自用的每天 187 立方米（见下页表 4.5）。但是，目前由管委会实际控制的开采量仅每天 2832 立方米，也就是管委会已经将自己实际并未控制的水量也批出去了。要利用剩余的每天 1046 立方米指标，就必须收回英豪学校控制的每天 896 立方米及热水村与塘料村控制的每天 150 立方米。但是，即使收回所有温泉水井，也只能满足短期的用水指标。因为在流溪温泉旅游度假区的项目建设规划中，还有包括大型水疗养生中心等 5 家温泉企业没有得到用水指标，预计将来这 5 家的温泉水包装量不会低于每天 3000 立方米（流溪温泉旅游度假区管委会，2008）。

实际上，流溪温泉旅游度假区在规划过程中已经注意到了温泉资源承载量的问题，当时规划单位向从化市政府提出"温泉水资源保有储量数据是温泉旅游区规划最为重要的基础资料，储量不明将会大大增加旅游区开发建设的风险。现请你政府就新温泉地区温泉水资源保有储量提供意见"（广州市人民政府城市规划

表 4.5　2009 年流溪温泉旅游度假区供水情况

供水项目	报装水量 （立方米／每日）	2006 年日平均用 水量（立方米）	被准补充
碧水湾	500	1216	由 ZK3、ZK4、 ZK8、ZK10 供应
文轩苑	500	321.3	由 ZK3、ZK4、 ZK8、供应
民政疗养院	187 指标自用	未统计	由 ZKA 供应
英豪学校	270	377	由 ZK1、ZK6 供应
滴翠山庄	240（从英豪指标分解 230）		
颐龙山庄	200	84.5	由 ZK8 供应
动感温泉	500	未开业	由 ZK3、ZK4 供应
华熙温泉	400	未开业	—
侨鑫会议区	500	未开业	由 ZK8 供应
合　计	除去民政疗养院，已批出 指标为 3110，其中批出属 管委会控制的指标 2510	2019	指标余额 1046

资料来源：流溪温泉旅游度假区管委会。

局，2005）。事后，从化市政府提供了《2003 年流溪温泉旅游度假区热矿水资源地质详查报告》作为规划的依据，这份报告明确注明整个流溪温泉旅游度假区地下热水的储量为每天 4173 立方米（从化市流溪温泉物业管理有限公司，2003）。那么基于这个储量数据制定的项目建设规划，到最后为什么会超出其储量这么多？管委会对此解释如下：

> 有的时候我们也不愿意批这么多指标给企业，我们知道
> 已经没有多少水量了，但是身不由己。比如最近刚进来的侨

鑫会议区，我们连100方也不愿意批给它，它本来不是用水
项目，但是侨鑫是广州引进的项目，给领导做通了关系，后
来批了它500方水。（流溪温泉旅游度假区某工作人员，2009
年11月18日下午）

更加令管委会意外的是，在目前实际用水量只有每天2000多
立方米的情况下，水井水温监测表明近年来有几口水井的温度出
现了明显下降（表4.6）。目前水温下降的原因还在进一步调查之
中，但是就笔者与参与到当时流溪温泉旅游度假区地矿水资源地
质详查报告评审专家的访谈中获知，水温下降的原因很可能是过
量开采，即目前每天2000多立方米的实际开采量可能已经超过了
地下温泉的最大开采量。

　　　　当时他们的详查报告是有问题的，因为做完整的抽水试
　　验要求所在区域的所有开采井同时抽水，并且要连续完成起
　　码一周时间的抽水测试，才可以推断相互干扰情况下的地下
　　热储总量。但是，他们（流溪温泉旅游度假区）没有严格按
　　照抽水试验的要求进行，因为有的水井他们没有管到，所以
　　当时抽水时只有几口水井参与，加上他们这个地区水井打得
　　太密，井与井之间的干扰很强烈，这样推算出来的储量肯定
　　是偏高的。（原广东省地质勘查局评估师谢浩球，2009年11
　　月27日上午）

不论造成这次流溪温泉旅游度假区水资源危机的具体原因是
什么，在管委会的眼中，破解此次资源危机的办法只有一个，就
是想方设法在不破坏资源的情况下增大温泉开采量。

表 4.6　流溪温泉旅游度假区水温变化

井　号	K1	K2	K3	K4	K5	K6	K7	K8	K9	ZK10	ZKA	ZKB	ZKC
单孔最大开采量（立方米）	68	70	162	1273	废井	847	566	868	65	400	239	109	废井
20世纪90年代前历史水温（摄氏度）	54	41	58	55	25	57	37	56	45	56	55	57	38
2009年水温（摄氏度）	59	—	59	38	—	48	—	—	42	—	43	—	—
水温变化（摄氏度）	5	—	1	−17	—	−9	—	—	−3	—	−12	—	—
使用单位				管委会		英豪					民政		

资料来源：流溪温泉旅游度假区管委会。

六、小结

　　流溪温泉旅游度假区在开发之初也遭遇了温泉资源被开发各方分割占据、各自为政的威胁。但是，有从化温泉风景区的前车之鉴，加之进驻流溪温泉旅游度假区的单位的政治背景不及从化温泉风景区那般强硬，从化市政府通过立法、谈判等手段逐步收回了由各单位独资打造的温泉水井，并基本实现了对流溪温泉旅游度假区内温泉资源的政府控制。

　　正是在地方政府统一管理温泉水的基础上，流溪温泉旅游度假区表现出强劲的发展潜力，其间引入的碧水湾等温泉企业成功地带动了区域经济的发展和地区形象的重建，2003 年广州市的介入更让流溪温泉旅游度假区获得了充裕的资金保障，前景一片光明。但是，在流溪温泉旅游度假区蓬勃发展之下的社区问题日益凸显，政府显然对社区居民如何在温泉经济中实现利益分享考虑不周，更令人不安的是，温泉水在管委会的统一管理下，依旧出现了过量开采的资源危机。政府统一管理温泉水所实现的经济效率在流溪温泉旅游度假区得到验证，但其对资源可持续利用的实现能力仍有待考察。

第五章 中国温泉旅游地温泉水权 制度解析

一、温泉水权结构的科层模型：对制度科层概念模型的修改

　　本研究在查林的"制度科层概念模型"（Challen，2000）的基础上提出"温泉水权科层概念模型"作为描述温泉水权结构的研究工具。

　　查林的"制度科层概念模型"是描述自然资源产权结构中的层级化管理关系的经典模型。中国学者王亚华曾对"制度科层概念模型"，进行修正后提出"水权科层概念模型"并将其应用于黄河流域的水资源管理问题，王亚华在提出"水权科层概念模型"的过程中主要完成了两方面的工作：一是将查林的模型具体化到作为研究水资源的模型工具；二是对查林的模型中的术语进行"本土化"，比如其将制度层级按照中国的情况划分为"中央""地方""社团""用户"四个层次。"水权科层概念模型"对本研究具有重要启示意义（图5.1）。

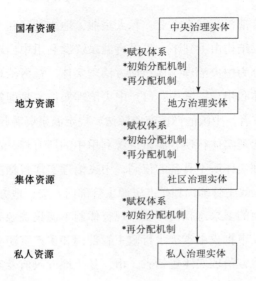

资料来源：王亚华，2004。

图 5.1　水权科层概念模型

但是由于温泉资源与水资源的天然属性存在较大差异，因此本研究决定直接在"制度科层概念模型"的基础上提出"温泉水权科层概念模型"用于温泉的研究。"温泉水权科层概念模型"主要包括两个构成要件：治理实体和分配机制。其中，治理实体包括治理实体和管理实体；分配机制包括赋权体系、初始分配机制与再分配机制。也就是说，温泉水权结构包括治理实体、管理实体、赋权体系、初始分配机制与再分配机制五个要素。

（一）温泉资源利用的治理实体

温泉资源利用的治理实体是指拥有温泉资源的一项或多项权利的决策单位，这些权利涉及温泉资源的所有权、使用权、收益权、转让权等，而持有这些权利的实体包括各级政府、温泉资源的行政主管部门、国有企业、私人企业、地方社区和个人等。按照制度科层结构由上到下，可以将温泉资源利用中出现的治理实体依次划分为中央治理实体、地方治理实体、社区治理实体、私人治理实体和用户。其中：（1）中央治理实体，是国家层面的温泉资源持有者，中国的《矿产资源法》规定温泉资源归国家所有，因此中央治理实体行使着温泉资源利用中的所有权，这也是其他层次的治理实体所不具备的权利，中央治理实体包括国务院及其主管的水行政主管部门和矿产资源主管部门；（2）地方治理实体，是地方层面的温泉水权持有者，现行体制下温泉资源开发利用的勘探与开发审批权由省级水行政主管部门和矿产资源主管部门代为行使，地方治理实体包括省、市、县级地方政府及其水行政主管部门与矿产资源行政主管部门；（3）社区治理实体，是指社区层面的温泉水权持有者，本地社区由于世代居住在温泉地与长期的使用当地的温泉资源，因而在温泉的使用权上具有天然的合法性，社区治理实体一般以本地与温泉相联系的村落为基础，包括村委会及村办企业；（4）私人治理实体，是指温泉水权的私人持有者，包括取得了开采权的私人企业和个人；（5）用户，是最终使用温泉水层面的温泉水权持有者，包括使用温泉的企业、事业单位、家庭和个人。

不同层面的治理实体拥有不同的治理目标，中央治理实体的治理目标是保障温泉资源开发利用中国家所有权的实现；地方治理实体的目标是保证资源开发的安全与可持续，并促使温泉资源开发对地方经济的带动作用最大化；社区治理实体的治理目标是在温泉开发过程中保证社区的利益得到维护；私人治理实体的治理目标是温泉资源的开发利润最大化。但是，王亚华的水权模型中水资源是一种跨区域性的流动性资源，不同层面的治理实体所治理的产权客体具有空间范围上的区别，而温泉资源则不同，从

中央到私人，不同层级的治理实体面对的产权客体在空间范围上
是一致的。

　　另外，空间范围的小尺度决定了不同层级的治理实体都具有
直接对温泉资源取水与供水的权利，而不像水资源的科层结构中，
取水与供水权一般由处于科层制度末端的社团组织行使。因此，
本研究在治理实体的基础上提出管理实体以代替水权科层结构中
的社团决策实体，管理实体是指拥有温泉资源抽取与供水权利的
产权实体，管理实体可以由任何一个层级内的治理实体担任。

（二）温泉水权的分配机制

　　温泉资源的权利界定是伴随着温泉资源的稀缺性的上升而产
生的。在对稀缺性的温泉资源进行权利分割时，理论上是按照由
国家到个人的科层顺序从上向下进行，按照前文介绍的治理实体
层级，主要涉及三个层次上的水权分配：中央到地方的层次，地
方到管理实体层次，管理实体到用户层次。其中最为关键的分配
是管理实体的分配过程，因为管理实体最终将得到取水权，并拥
有向用户分配使用权的权利。现实情况中的温泉水权分配并没有
严格按照理论上的层级顺序由地方治理实体向管理实体分配取水
权，管理实体取水权的获得往往是由中央、地方、社区和私人四
者之间的博弈形成的。这也是"温泉水权科层概念模型"与"水
权科层概念模型"最大不同之处，后者最终获得取水权及向用户
分配使用权的管理实体就是某一社团实体，而这一概念对温泉资
源则不适用，因为获得温泉资源取水权及向用户分配使用权的管
理实体可能由国家到个人的任何一个层级内的治理实体或治理实
体间的组合来形成。另外，在水资源的分配中不同层级治理实体
间分配的水权性质具有明显差异，这种差异的产生与空间尺度的

变化密不可分，如：中央到地方分配的是区域水资源的配置权，地方到社团分配的是地方水资源的取水权，社团到用户分配的是集体所有的水资源的使用权。表面上看，温泉水权的分配也基本依循相同的分配逻辑，但是由中央向地方分配的配置权由地理环境天然决定，取水权成为温泉资源分配的核心。

温泉资源分配过程中，主要是由地方到管理实体的取水权及管理实体到用户的使用权两个方面的权利需要界定，并最终建立一套完整的温泉水权分配制度。在管理实体之间及用户之间的分配制度可以概括为三类：赋权体系、初始分配机制和再分配机制。

（1）赋权体系。温泉资源在产权持有者之间进行物理分割的方法，主要包括资源配额与投入配额两类体系。资源配额是指在对不同的产权持有者之间的温泉水量进行规定的分配方式，即对不同的产权持有者分配不同的用水指标；投入配额指通过规定和控制产权持有者获取温泉水资源的其他资源的投入来间接分割温泉资源的方式，比如，对温泉地区采取限制打井的数量、规定取水的管道口径和水泵规格等。

（2）初始分配机制。在管理实体或用户层面对温泉资源进行分配的方式，主要包括行政方式和市场方式两种。行政方式就是资源管理者依靠行政决策对温泉水权进行分配，主要就是依靠行政指令进行操作；市场方式是资源管理者利用价格机制在竞争的下级实体间分配温泉资源，主要依靠出售、租赁、合资等方式进行操作。除了行政方式与市场方式，温泉资源还经常处于一种由"地理方式"进行天然初始分配的状况，例如，中央将各省区行政区划范围内的温泉资源的配置权交给省地矿部门管理，这就是用行政方式默认了"地理方式"，更加常见的情况是，在缺乏外界政治力量干预的情况下，温泉资源一般按照"邻近原则"由附近的社区进行管理和分享。只有当外界政治力量干预下，温泉资源的

"地理方式"才会被行政方式或市场方式所取代。

（3）再分配机制。当温泉资源初始分配形成之后，对温泉水权进行的再次分配，温泉水权的再分配机制也可以归纳为基于市场方式的再分配和基于行政方式的再分配。市场方式是同一层级的实体之间通过价格机制转移温泉资源，行政方式是上一层级的治理实体通过行政指令在下一级的治理实体之间转移温泉资源。

上述对赋权体系、初始分配机制和再分配机制的描述中都采取了"二分法"，即认为赋权体系包括资源配额与投入配额两种，初始分配机制与再分配机制有市场方式与行政方式两种。这种"二分法"是为了便于开展理论描述的需要，实际的温泉水权的制度安排往往不会以一种纯粹的方式出现，比如，现实中的赋权体系可能是某种程度上资源配额与投入配额方式的结合，初始分配机制与再分配机制也极有可能以行政指令与市场方式交叉的方式出现。

（三）温泉水权科层概念模型

温泉资源的产权制度是伴随着温泉资源稀缺性的提高而出现的。从中央到用户，温泉资源的产权界定过程处于一个层级系统之中。这个层级系统主要包括治理实体和各层级之间的温泉水权分配机制两大要素。治理实体包括中央、地方、社区、私人、用户五个层面，其中中央、地方、社区和私人共同产生一个管理实体。中央与地方之间、治理实体与管理实体之间、用户之间都存在分配机制，这些分配机制主要包括赋权体系、初始分配机制和再分配机制三个方面。因此，温泉水权处于纵向上被各层级治理实体分层持有，横向上被同级实体分割持有的科层结构之中，如图 5.2 所示。

　　对于同一处温泉（地热田），各治理实体所面对的产权客体在空间上是一致的，但是其拥有的产权性质存在区别：按照层级顺序从上至下，对于同一块温泉资源，中央治理实体拥有的是其国家所有权，地方治理实体拥有的是地方处置权，社区拥有的是集体产权，而私人拥有的是私人的使用权。在科层结构中，上一层的治理实体总是对下一层的治理实体拥有的温泉水权具有决定权。

　　温泉水权的分配机制建立之前，温泉资源处于开放利用状况，伴随温泉资源稀缺性的上升，温泉水权的分配机制才开始建立。当参与温泉资源分配的实体都属于社区内部的用户时，温泉是一种集体资源，当国家力量介入温泉资源分配之后，温泉资源便具有了国有资源的性质。因此，事实上温泉资源产权的状况与介入温泉资源治理中的治理实体层级有关。

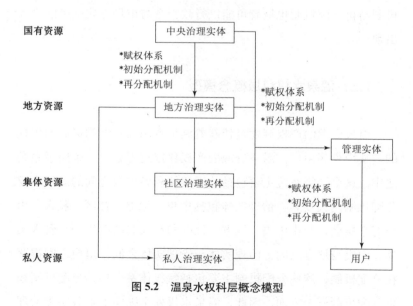

图 5.2　温泉水权科层概念模型

　　图 5.2 提供了一个审视中国温泉资源产权制度的理论框架，但是事实上的温泉资源产权制度存在多种变化：（1）某些地方的

温泉水权结构是不完整的，介入温泉资源分配的实体没有涉及所有层级，可能只是在某些层次上建立了分配机制；（2）管理实体的形成过程复杂多变，温泉水权结构的连接形式也极为复杂；（3）分配机制的完善程度也存在差异，从"地理方式"到建立完善的分配机制；（4）分配机制涉及的赋权体系、初始分配机制和再分配机制存在不同的形式。但是，以上这些形式上的变化都可以借由温泉水权科层概念模型加以考察，利用此模型可以对现实生活中不同地区、不同时间的温泉资源的产权制度进行比较研究。

　　本研究提出的温泉水权科层概念模型与查林提出的"制度科层概念模型"相比，其主要修正包括：（1）查林的模型是自然资源分层管理的通用模型，而本研究是针对温泉资源管理领域的，因此称之为"温泉水权科层概念模型"；（2）管理实体代替了社团决策实体。由于温泉资源的产权客体总是以小尺度的空间形态（地热田）出现，这导致各层级的决策实体的治理对象最终都聚焦于同一个小尺度的空间对象上，这就使得参与温泉水资源治理的不同层级的决策实体所持有的温泉水权具有竞争性，各层级在分配温泉水权时要解决的最核心的问题是取水权的分配，但是由于取水权的分配并不一定总是社团层面完成，因此本研究提出管理实体的概念，作为分配取水权的实体；（3）本研究在描述温泉水权结构时，对建立了分配机制的上层管理实体用实线表示，而对于没有建立分配机制的上层治理实体则用虚线表示，以示区别。

二、中国温泉旅游地温泉水权结构的类型

　　中国的温泉资源丰富，分布广泛，全国已经发现的温泉地超

过 2000 个，陕西临潼的骊山温泉早在 2000 多年前就有记载。本研究借助"温泉水权科层概念模型"这一理论工具对中国的温泉地的产权结构进行梳理。按照从古至今的顺序，本研究将温泉水权制度主要分为"社区治理""官僚治理""私人治理"和"地方治理"四种类型，以下将逐一展开描述。

（一）"社区主导"的温泉水权结构

虽然中国温泉利用的历史十分悠久，但是古代大部分的温泉都处于一种"藏在深山人未知"的状况，除了少数的温泉因为皇族的开发而在很早的时候就成为专供皇亲国戚享用的专属资源，如陕西临潼的华清池、北京的小汤山等。但是这些温泉的数量有限，在北魏时期地理学家郦道元编撰的《水经注》中有记载的温泉地只有 31 处，可见大多数的温泉地都没有得到上层管理者的注意。

这些"藏在深山"中的温泉，部分人迹罕至，处于未开发状态，这类温泉不存在产权制度，或者是处于一种开放利用的状态下。

还有部分温泉虽然也不被世人所知，但其周边逐渐形成了村落，并逐渐被置于这个村落的管理之中，本研究将这一类温泉水权制度称为"社区主导"型。这类温泉的基本特征如下。

第一，社区是管理温泉水的主体，上层实体没有介入。新中国成立之前，社区对本地温泉资源的管理是自发形成的，没有经过任何层级政府的任命，从中央到地方也从来没有发布过任何有关温泉管理的条文，这为社区自发组织管理温泉水留下了空间。不存在上层治理实体的介入既是"社区主导"温泉水权的特征，又是"社区主导"的条件，因为中国传统文化里有"普天之下，莫非王土"的集权思想，这使得类似温泉资源这种当时没有明文规定的自然资源处于一种王权保持缄默的状态下，一旦王室高官介入，社区对温泉水权的管理就可能被替代，这样，就会形成华清池、小汤山那种专供皇亲国戚使用的专属温泉地。只是，在中国历史漫长的年代中，皇亲国戚对地方社区温泉资源接管的情况十分少见，这一方面是因为温泉资源属于广泛分布的资源，皇亲国戚对温泉的需求远少于其存在量，另一方面也是由于温泉资源本身的价值不高，上层治理实体不屑于在温泉资源上去"与民争利"。

第二，特殊的地理环境是社区获得管理权的基础。从微观的角度上看，地理环境决定了温泉水权为什么属于这一个社区而不是另外一个社区，例如，从化流溪温泉旅游度假区的温泉水在20世纪70年代以前是天然出露的，政府也未介入温泉资源的分配之中，因为热水村位于流溪河温泉水出露点的一侧，其取用温泉水

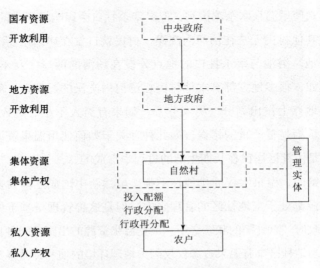

图 5.3 "社区主导"的温泉水权结构

十分方便，因此具有了享用温泉水的权利，而位于流溪河另一侧的塘料村因为河流的阻断，在没有桥梁的情况下，其使用温泉资源十分不便，因此温泉水权实际被热水村这个社区所管理和使用。从宏观的角度上看，地理环境因素也成为上层治理实体没有介入地方温泉水权分配的一个重要原因，如果忽略温泉地的进入性难易程度上的差异，即获得温泉资源不需要进入成本的话，上层治理实体介入温泉水权分配的欲望将极大地增加，而一旦上层治理实体介入温泉水权的分配，社区的管理权和使用权都将受到威胁，"社区主导"的模式将改变。因此，不易抵达的地理环境是社区获得管理权的基础条件。

第三，温泉水的取用受到乡规民约的约束。社区控制下的温泉水主要用于村民的日常生活，当村落的人口增加，便需要对如何使用温泉水进行规定，这些规定一般由社区内部产生，并以乡规民约的方式被整个社区所遵守。比如，湖南汝城的温泉水自然流出后与地表河流汇合形成汤河，因为出水口水温很高，当地村民喜欢使用温泉水杀鸡烫狗，但是宰杀牲口会影响汤河水的清洁，导致其他村民无法在汤河内洗澡，村民就自发在岸边用石头砌成了浴池，浴池与宰杀牲口的地点分设在汤河的两岸，互不影响。再比如，很多地方都有本地村民在汤河内洗澡的习惯，一般村民会在地点上做出划分，男女分开，如果有男人不小心进入女界，会被认为是很严重的错误。如此种种关于如何使用温泉资源的规则都是由社区居民在长期生活的过程中形成的。

第四，温泉水权的排他性不强。虽然新中国成立前大多数温泉资源都处于当地社区的管理之中，但是这种管理是基于中央或地方政府"默许"的状态之下。毕竟温泉资源的出露是一种自然现象，当地社区享有温泉资源仅仅因为地理环境的便利，其本身并不需要投入任何劳动去"生产"温泉资源，对于这种上天恩赐的自然资源，当地社区内部虽然有相关的乡规民约对社区内部人员进行约束，但这种规定很难得到外界尤其是上层实体的认可。再加之中国人心中"普天之下，莫非王土"的观念深入人心，这就使"社区主导"所拥有的管理权的排他性很弱，范围局限于社区之内，这为外界尤其是上层力量介入地方温泉地留下了制度空间。

如图 5.2 所示，温泉水权的"社区主导"结构中，中央政府与地方政府层面都没有建立起实际的分配机制，自然村是社区治理机构中的管理实体，温泉资源是当地村落的集体资源，村集体通过乡规民约对温泉资源的分配和使用进行管理，这种社区制定的乡规民约也可以看成对温泉资源的一种行政方式的分配。由社区管理的温泉资源一般也只用于本社区成员自身，一般情况下不会按照温泉水量进行分配，而是通过对使用温泉的习俗、时间、地点等做出相应规定，因此可以看成一种投入配额式的分配制度。

（二）"权力主导"的温泉水权结构

中华人民共和国建立之后，中国的温泉地迎来了一次开发高潮。20 世纪五六十年代，全国各地都掀起了一阵兴建温泉疗养院的风潮，这一批疗养院全部属于国营企业，以服务无产阶级为原则，主要接待因公负伤、在工作岗位上作出贡献的身患疾病或需要进行休整的劳动模范及优秀干部，疗养费用全部由单位提供。这些设施建造和管理模式上则主要借鉴了东欧的经验，至 50 年代末期，全国范围内已有近百所温泉疗养院（王艳平，2004）。由于温泉资源在计划经济时代没有明确其国有产权，因此各级政府机关对温泉的利用处于自由放任的状态，基本遵循"谁有权，谁开采"的原则，地方社区在这一权力博弈的过程中逐渐退出温泉水权的管理领域，温泉水权逐渐转移到一家或几家权力部门的手中，从而形成一种"权力寡头垄断"的温泉水权掌控格局。"权力主导"的水权结构特征如图 5.4 所示。

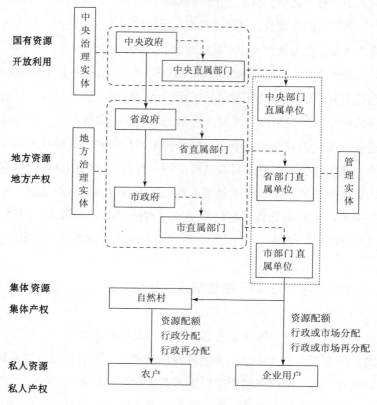

图 5.4 "权力主导"的温泉水权结构

第一，权力部门成为温泉水权的管理实体。在计划经济时代，中国经济管理上的权力集中达到了巅峰，当时有能力开办温泉疗养院的单位无一例外隶属各级党政机关，这些处于不同层级的权力部门成为各地温泉资源的实际管理者。以从化温泉风景区为例，新中国成立后至 20 世纪 70 年代之前，温泉水一直被广州军区接待处、广东省干部疗养院、广东温泉宾馆所分享，这三家单位分别隶属中央军委、广东省委和广东省人民政府，这三家权力部门后来通过机井采水的技术手段造成了天然温泉的断流，割断了本地社区之前对温泉水的使用，将温泉资源的开采权完全置于权力部门的管控之下，然后再由他们向本地社区和其他温泉使用企业分配温泉水。可见，采水权的垄断是权力部门实现对温泉水权接管的重要手段，这种基于权力的管理结构将其他一切非权力部门都排除在管理实体之外，能够进入管理实体的单位带有极强的官方色彩。但是，在"权力主导"的温泉水权结构中，这个由权力部门构成的管理实体内部是一个松散的架构，当权力部门来源于不同层级时，各部门之间缺乏协调，对温泉资源的开采没有统一的规划，容易造成各权力部门各自为政、竞争性采水的情况出现。

　　第二，中央、地方间的水权性质界定不清晰。中华人民共和国成立后，中国迅速建立起一套社会主义制度，在以公有制为基础的经济生活领域中，温泉资源与其他矿产资源一起被归为国家资源。中央政府对矿产资源进行统筹安排，由中央制定开发计划，划拨建设资金，开发出来的矿产资源也集中由国家进行销售与分配。虽然温泉资源属于矿产资源的一种，但是由于其对于国计民生的影响较小，在计划经济时代，中央政府并没有对温泉资源的开发做出详细的安排，这就为各个层级的国家权力部门获取温泉水权埋下了伏笔。计划经济时代对温泉的旅游开发都是以建设温泉疗养院为由，温泉疗养院是用于对干部、领导等进行接待和疗养的场所，这就使得所有开发温泉的单位在某种意义上都是用于服务领导的。例如在从化温泉风景区，当谈及其占有的温泉水权的理由时，所有的大单位都异口同声地表示，其开发出来的温泉水主要是满足于"接待领导的需求"。以"接待领导"为理由获取温泉水权的行为是一种对国家资源的变相实现方式，因为领导干部是国家干部，温泉资源也属于国家，用温泉水接待属于国家的领导就变得名正言顺。但是，实际上中央政府并没有明确过地方温泉资源的分配制度，地方政府对于具体的温泉水的管理权限与中央政府也没有进行过分工，这样就导致各层级的权力部门都以国家的名义攫取温泉水权。

第三，温泉水使用权主要通过权力关系向用户层面进行分配。获得温泉水开采权的管理实体往往以国家的代理人身份出现，因此，他们在向下层用户分配温泉资源时也带有明显的计划经济色彩。要想从掌控温泉资源开采权的权力部门手中获得温泉水的使用权，必须通过权力关系的路径才可以实现。比如从化温泉风景区，在20世纪70年代后期，温泉资源逐渐变得紧缺，但是需要使用温泉水的单位越来越多，后进入的单位通常要经过上层的活动才可以从几大采水单位那里获得温泉水，即使在这种情况下，当时的温泉资源也是免费的，一旦得到领导认可，温泉水就可以从几家大单位免费供给到其他用户。周恩来总理在50年代在从化温泉风景区疗养后提出要为当地的村民建设冲凉房，当地的几家大单位在不到一年的时间内不仅修好了冲凉房，还安排其中一家专门为村民供应温泉水。可见，通过权力的活动是在"权力主导"下的温泉地分配温泉水的唯一手段。

"权力主导"的温泉水权结构如图5.4所示，温泉水权实际被来自不同层级的权力部门组成的垄断集团所控制，中央及地方层面并没有对温泉资源的配置权进行严格规定，各地温泉资源在权力部门的博弈中形成了一种"权力主导"的格局。不论是权力部门获得开采权，还是由获得开采权的权力部门向下分配使用权，权力关系成为温泉水权流转的唯一途径。在这种中央与地方温泉水权定义不清、权力部门争相进入的情况下，温泉资源极易成为国家名义之下的公地，形成竞争采水的局面。

（三）"民营资本主导"的温泉水权结构

始于 20 世纪 80 年代末期的矿产资源改革为民营资本打开了入主温泉水权市场的体制通道，而 90 年代国退民进的国企改革更是逼迫大量的政府主体从原有的温泉水权控制格局中大面积退出，所有这一切都为民营资本控制中国各地的温泉资源提供了机遇。各种非政府来源的资本在追求高额利润的目标下大量地以垄断形式占有处于价格洼地的地方性温泉资源，而在谋求地方经济发展的利益诉求下，地方政府也热衷于通过以资源换资本的方式，以各种行政方式为民营企业提供便利，促成民营资本对温泉资源的掌控，从而在各地普遍出现了这种"民营资本主导"的温泉水权制度。这种温泉水权结构的特征如下。

第一，政府完全退出，民营企业成为温泉水权的管理实体。在对温泉资源的管理上，中央政府将其对温泉资源法定的所有权交由国家的水与矿产资源行政主管部门代为管理，而资源的行政主管部门又通过市场方式将地方的温泉水权完全交由民营企业自主管理，政府部门完全退出对温泉水权的分配和管理领域，得到温泉资源的民营企业通过上缴使用资源的税费来保障国家作为资源所有者的权益，之后温泉资源的其他权利基本为企业所独享。在"民营资本主导"型温泉水权结构中，被垄断的温泉资源某种意义上成为垄断企业的私有物，民营企业通过花费一定的资本获取了排他性较强的温泉资源控制权，民营企业拥有自由处置温泉资源的权利，包括向其他用户销售温泉资源的权利或将温泉资源用于各种用途的权利。地方政府与中央政府一样，作为温泉资源的国家代理者，只对民营企业使用温泉的权利进行监督，为企业合法获取的垄断权利提供保护。也正是由于地方政府完全退出对温泉水权的管理领域，并为企业合法获得开采温泉所需的各项合法手续，才保证了"民营资本主导"中的企业可以获得地方温泉资源管理实体的合法身份，并享有完整的温泉水权。

　　第二，以取水许可与矿业权为核心的温泉资源管理体制为民营企业垄断温泉水权提供了制度基础。国家通过取水许可与采矿权审批制度出让温泉水权给符合开采条件的企事业单位，因为获得采矿证审批的过程要求前期投入数额较大的资金完成一系列的勘探和评估，这使得民营企业依靠资本优势排除了大量的潜在竞

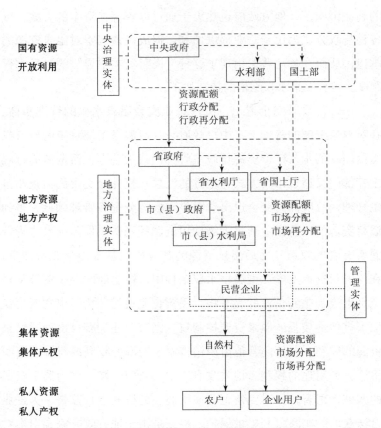

图 5.5　"民营资本主导"的温泉水权结构

争者，这种现象在经济欠发达的地区尤其明显。更重要的是，采矿权的审批本身带有较强的排他性，对于指定的小型矿区一般不允许存在矿区重叠的采矿权出现，也就是说随着采矿证的办理，获得采矿证的民营企业自动获得了对指定矿区范围内温泉资源的垄断开采权。20 世纪 90 年代后期建立起来的日益完善的取水许可与矿业权制度，是在整个中国经济市场化改革的过程中建立起来的，正是这种基于市场机制的温泉水权分配制度的建立，为民营资本以垄断方式获得温泉水权提供了法律层面的支持，并使得资本名正言顺地成为主导温泉水权市场的主要管理实体。

第三，企业用户面临垄断的温泉水权市场。作为管理实体的民营企业拥有对地区性温泉水权的垄断权利，这意味着它有权决定将其所拥有的温泉水资源以何种方式、何种价格分配给下一层级的用户。在大多数的情况下，处于"民营资本主导"型的温泉水权制度下的温泉地区，由于受到资源投资回报能力的限制，温泉资源本身也难以吸引到更多的温泉企业用户，这其实也是地方政府在有能力控制温泉水权的情况下将温泉水权让渡给企业垄断的重要原因。基于此，处于企业垄断管理下的温泉资源自然而然地只为垄断企业自身所用。但是，随着市场的变化，有的地区的温泉资源价值会上升，在投资回报能力不断提升的过程中会出现更多需要使用温泉的企业用户，此时处于垄断地位的民营企业就拥有了市场定价的权利。由于温泉资源是企业用户生存的必备资源，当资源被垄断时，企业用户只能被迫接受垄断企业所规定的高价，因为地方政府已经在作为管理实体的企业垄断温泉资源的过程中失去了其拥有的预先进行温泉水权分配行政干预的权利，使得企业用户层面通过行政方式获得温泉资源的可能性降低，依靠市场方式高价购买温泉资源成为常态。

"民营资本主导"的温泉水权结构往往形成于一些市场条件不

太成熟、温泉资源的投资回报能力较弱的地区，这些地方因为缺乏投资回报的吸引，长期停留在"社区主导"或无人使用的状态，这为民营资本在以市场机制为导向的取水许可和矿业权制度建立之后获取温泉水权提供了条件，免除了从既有的势力集团中争夺温泉水权的成本。也正是在这种资本前期投资严重不足的环境下，地方政府为了吸引民营资本的进入而放弃了其具有的依靠行政权力控制温泉水权的先天优势，转而依靠行政力量帮助民营资本获取地区温泉水权的垄断权利。

（四）"地方行政主导"的温泉水权结构

在中央政府对温泉资源实行"有偿使用"的总原则下，部分有能力的地方政府出资获取本地温泉水的勘探权与开采权，并交由专职的政府机构对温泉水的开采与供应进行管理，在这种管理模式下，地方政府实现了对本地温泉资源的专属管理，因为在这种管控温泉水权的模式中，政府通过行政手段阻止了私企对温泉水权的获取，并且没有受到其他层级政府力量的介入，从而实现了地方政府对本地温泉水的垄断，所以将这种温泉水权的管理制度称为"地方行政主导"的温泉水权结构。这种温泉水权结构的特征见下页图 5.6。

第一，基层政府及其管理机构成为温泉水权的管理实体。在"地方行政主导"的温泉水权制度中，对温泉水实行垄断行为的一般都是温泉所在地的基层政府——市、县一级政府，一方面是因为基层政府作为温泉资源所属地已经拥有属地的行政管理权限，对温泉资源的情况更加清楚，另一方面也是因为温泉资源对于基层政府的重要程度远高于省级政府，有价值的温泉资源往往会成为左右地方经济发展的核心资源，而这种价值对于省政府的意义

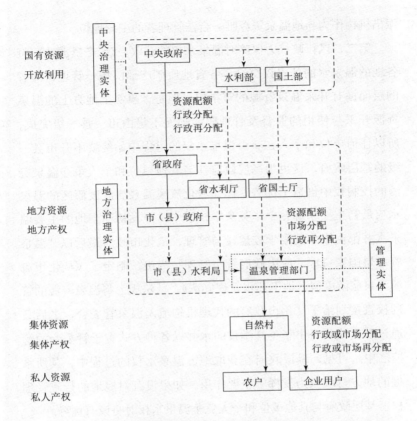

图 5.6　"地方行政主导"的温泉水权结构

显然不如基层政府那么重要。因此，基层政府通常在管理温泉资源上表现出强烈的积极性。比如，从化市在接受温泉风景区的管理之后，曾多次向省政府要求收回温泉水井管理权，并成立温泉镇专门对温泉风景区进行管理，后来在开发流溪温泉旅游度假区的过程中也非常注重对温泉资源的控制，通过一系列行政措施想方设法将温泉资源统一收归流溪温泉管委会的管控之中。在地方垄断温泉水的过程中，基层政府成功地消除了来自上层治理实体、私营企业和当地社区对温泉资源的争夺，实现了以基层政府及其派出机构作为当地温泉资源唯一合法管理者的主导地位。

第二，以行政权力保障对温泉水权的获取。《矿产资源法》将各地的温泉水的处置权交给了各省地质矿产部门统一管理，即省的层面握有开采温泉资源的审批权。但是，事实上地方上的温泉资源开采与使用的监督及管理职能却无不是由市、县一级完成，所以任何单位和个人在获得温泉水权的过程中始终绕不开市县一级的基层政府，这也为基层政府在与其他单位和个人争夺温泉资源的控制权中创造了优势。比如从化流溪温泉旅游度假区的温泉水权最初主要掌握在中华英豪学校手中，开发初期当地的主要温泉水井都由中华英豪学校建设与管理，从化市政府最后以"温泉资源是国家资源，应由政府统一管理"为由，制定了《从化市流溪温泉旅游度假区地下热水管理办法》，从法规上将温泉资源的管理权直接划给了从化市政府的代理机构流溪温泉管委会，之后又通过多次谈判将中华英豪学校的水井以各种方式置于管委会的管控之中。可见，基层政府在获取地方温泉水权的过程中，其所掌握的地方行政权力发挥了重要作用。如果没有对属地的行政管理权，基层政府与其他单位和个人竞争温泉水权时将没有优势。

第三，以市场和行政并行的方式向用户层面分配温泉水资源。基层政府作为温泉资源的管理主体，其开发与管理温泉资源主要为了实现三个目的。首先，要保证自身的管理收益，地方政府一般寄希望于温泉资源的运作能够解决其管理成本，而不需要由政府常年依靠财政扶持；其次，温泉资源的使用还要能够保证让上级满意；最后，要让温泉资源的使用有助于地方经济的发展，只有如此才可以巩固自己对于温泉资源的管理地位。基于第一点的考虑，地方政府往往采取市场租售的方式将温泉水的使用权卖给其他单位和企业用户，这种方式一方面实现了温泉资源的经济利益，另一方面也能通过价格杠杆对企业用户进行筛选。但是迫于第二点的考虑，这种市场分配的方式并不完全，有时地方管理机构为了迎合上级领导的需要，也会采取行政的措施强行调整温泉水权的供给状况。比如从化流溪温泉旅游度假区内两家企业在既有的温泉管网格局中，一家处于管网的下游，一家处于管网的上游，处于上游的企业不仅比下游企业能够在输水时率先得到温度更高的温泉水，而且单位时间内的输水量也高过下游企业，而后下游企业的领导"打招呼"，流溪温泉管委会重建了温泉水管，调换了两家企业的位置，让之前的下游企业变成了上游企业，获得了优先输水的权利。因此，在地方政府管理温泉水的过程中，来自上层的权力干预依然存在。

在"地方行政主导"的温泉水权结构中，中央政府将温泉资源的处置权交由省政府管理，省政府将开采权交由地方政府及其专职管理部门进行管理。在这一系列温泉水权的转移过程中，都是以资源配额的方式分配的，其中开采权的审批需要开采单位勘查核实温泉地的开采量，在开采过程中不能超过最大开采量。因此，在开采量既定的情况下地方管理实体都是以"用水指标"向用户和村落分配使用权。"地方行政主导"型温泉水权治理结构有利于地方政府将温泉资源开发与地区经济相衔接，但是需要地方政府具有较强的运作能力，能够在与上级单位及企业的博弈中胜出。

三、对中国温泉旅游地三种典型产权结构的比较

（一）国家名义下的权力主导

1. 温泉资源开采权多头垄断导致公地悲剧

以从化温泉风景区为例，温泉资源的开采格局形成于计划经

济年代，当时《矿产资源法》尚未出台，温泉资源的产权问题没有得到清楚界定，温泉资源是免费的。在高度集权的政治体制下，各级政府、部门都可以通过行政指令的方式进驻从化温泉，在国家法律没有清楚规定温泉资源归属的情况下，政治权力成为获取温泉资源的"硬通货"，这也就不难理解为什么从化温泉的开采权多半掌握在百里之外的省级单位手中，而本地的基层政府与社区居民则完全丧失了温泉资源的开采权（表 5.1）。

表 5.1 从化温泉生产井归属及开采量

生产井所属单位	孔号	水温（摄氏度）	额定开采量（立方米每日）	实际开采量（立方米每日）
广东温泉宾馆	水文 2	69	465	500
	ZK9	63	344	400
	ZK16	72	440	600
广东省干部疗养院	CK2	58	111	400
	ZK10	47	273	300
广州军区从化接待处	ZK12	69	420	700
	ZK2	56	96	300
从化市经贸局	ZK5	60	339	500
合计			2488	3700

资料来源：广东省地质矿产局环境地质总站实地调查。

温泉资源的开采权掌握在省级单位手中并不会必然导致温泉资源的破坏性开采，问题在于权力角逐之下所形成的开采权被分散到多家不同的省级单位手中，且彼此之间缺少协调与干预的手段。尤其在经历了政企分离的改革后，这些企业越来越像独立的经济人，原先可能受到的政治约束日益减少，追求自身利益最大化的冲动越来越占据上风。对于从化温泉的开采权企业而言，开采到的温泉资源除了部分自用外，出售温泉资源获利已成为其收入的主要部分，而通过权力博弈获取的开采权本身是廉价的甚至免费的。各家采水单位清楚，多采一些温泉水就是多掌握一些主动权，单方面地少采一些温泉水对于整体控制从化温泉的超量开采问题无济于事，反而伤害了自己的核心利益，从化温泉成为国有名义之下的公地（Hardin，1968）。一方面是日益增长的游客和常年来访的上级领导，另一方面是一块总量既定的地热田，想方设法地多分一杯羹就成为各开采单位心照不宣的默契。

2. 未经认可的收益权导致温泉资源低价供给

开采单位如果只满足于本单位的温泉用水，本不会存在过量开采问题，问题在于这些开采单位再将出售温泉水给其他旅游单位作为其重要的经济来源。因为温泉资源的出售价格偏低，加之近年来温泉旅游大热，所以导致温泉水的需求量很大。如果温泉价格偏低导致需求上升从而间接诱致过量开采，那么提高温泉价格就合情合理，因为提价既符合温泉开采单位的利益，又能够促进资源保护，可谓双赢。但是，实际情况却并非如此简单。

例如从化温泉的四家单位是在计划经济年代通过行政指令的形式获得了温泉资源的开采权，当时省政府曾出台规定，认定各开采单位管理自己的生产井，但并未就开采出来的温泉资源可否出售作出规定，因此他们出售温泉的行为在某种程度上超越了省政府的规定，而过量采水也显然违反了省里的相关规定。这导致四家单位都不愿同外界或彼此就出售温泉的细节进行过多交待，过多的交待意味着信息的外露，外露信息会带来遭到惩罚的风险。在这个寡头垄断市场中（Stigler，1964），其中一家单位因为其在中国行政体制中的权力地位最高，受到上层政府的制约最小，因而成为价格领袖，另外三家则效仿这家单位制定相同价格。这家单位之所以能成为这个寡头垄断市场中的价格领袖，是因为它制定价格过程中的遭受上级问责的风险也较低，但是即便如此，这家单位在每年制定温泉价格时也十分小心，虽然感觉到价格低于市场价值，但是每年都是试探性地涨一点，以确保用户心理的可承受性，因为用户的不满也将带来信息外露的风险。毕竟，维持出售温泉水的现状对于他们来说是最重要的。2009 年的从化温泉的温泉水资源价格在每吨 6 元左右，这样的价格对于当地的旅游企业来说也是可以接受的，有的温泉用水企业甚至用买到的温泉水供给自己的员工生活使用，因为对他们而言，这一点成本对于他们的经营没有构成太大负担。

3. 温泉资源产权清晰化过程遭遇权力围圈

要解决从化温泉破坏性开采问题，最根本的是要在明晰产权的基础上实现温泉资源的统一管理。但是，到底应该由谁以及如何实现却是个耐人寻味的问题。《矿产资源法》规定"温泉资源属国家所有，由省人民政府地质矿产主管部门审批和颁发采矿许可证"，这意味着省政府作为国家的代理者，具有了资源的处置权。按道理，由省政府成立管理机构对从化温泉资源进行统一管理是最合理的方式。实际上从化温泉在 20 世纪 70 年代的确是由省成立的温泉管委会进行管理的，但是随着行政体制改革的深化，省政府直接管理从化温泉管委会这类地方经营性实体显得越来越不合时宜，省政府在 80 年代初期就将从化温泉的管理权交给了从化市，从化市专门成立温泉镇对从化温泉进行统一管理。但是，早在从化温泉管理权层层下放之前，温泉资源的使用权已经从省政府分配到各省属和市属的企业手中。这就导致温泉镇作为管理从化温泉的实体，空有"管理"温泉资源的名义，却无法控制温泉的实际使用。再加上温泉镇的行政级别低于各省属、市属企业，这更使得其在干预温泉资源使用问题上显得束手束脚。正是在这

种权力错综复杂的管理体制下，从化温泉的破坏性问题久治不愈
（图 5.7）。

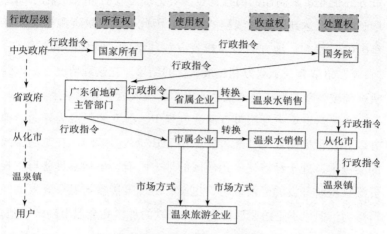

图 5.7　从化温泉的水权结构

　　实际上，就温泉资源处置权的问题，从化地方政府与省政府
之间的博弈一直没有停止过。多年的过度取水导致的资源危机使
从化市政府如履薄冰，经常受到舆论指责与上级问责，但是，要
想改变现在的温泉资源控制格局，就必须从另外三家省属单位手
中收回温泉资源的开采或收益权，这对地处广州北部山区，财政
对上级政府依赖性较强的从化市而言，是需要冒极大的政治风险
的。换言之，如果为了争取温泉资源的管理权而造成了上级政府
相关部门对从化市政府的不满，这无疑是得不偿失的。

（二）发展型地方政府下的剥夺性开发

1. 发展名义下的政企合谋

　　在很多区位条件欠佳、经济发展落后的温泉地区，温泉资源

往往是以"发展经济"的名义被地方政府选择性地"出让"给具有投资能力的大企业。被资本垄断的温泉资源不仅可以为作为投资方的企业带来高额的回报，也能够为地方政府带来显著的 GDP 增长政绩，达到了政企双赢的结果。因此，在温泉资源被大企业垄断的过程中，地方政府与投资方往往结成了特殊的利益联盟，"合谋"争取有利于双方利益最大化的结果，在这种情况下，以温泉资源被垄断的形式换取大企业资本的投入成为必然结果。

在民营资本主导温泉资源的过程中，以发展经济为导向的地方政府表现出明显的"嵌入自主性"（Evans，1995）。在龙门温泉的案例中，处于经济欠发达地区的地方政府，虽然不具备自主投资温泉旅游开发的经济能力，也没有出现直接参与温泉开发的经济行为，但也不是按照新自由主义鼓吹的那样完全退出经济干预，放任资本市场的自由竞争。龙门县的地方政府站在恰当的位置上，与最有投资实力的企业家保持积极的沟通与协商，为保证温泉资源的开发能够最大程度地带来经济发展，选择性的提供政策支持与信息披露，引导地区温泉旅游开发事业按照政府的目标进行。在这个过程里，地方政府之所以要这么做，是源于在以 GDP 为主要指标的官员绩效考核制度和财政分权制度下，地方政府具有想方设法实现地区经济发展的充分动力。而地方政府之所以可以这么做，是源于中国的行政监督的不健全使得地方政府具有较强的操控经济事务的能力。另一方面对于企业而言，处于市场经济转型期的中国社会存在大量的制度不确定性和政策模糊性，这给民营企业带来了巨大的投资风险，尤其是将资金投入市场条件不成熟的经济欠发达地区，缺乏来自地方政府的肯定和某种程度的合作，是难以得到资本青睐的。因此，某种程度上的政企合谋（聂辉华、李金波，2006）成为经济欠发达地区吸引资本进场，实现地区发展的必然之路。

2. 市场化导向的资源改革产生的剥夺性开发

中国始于 20 世纪 80 年代的自然资源改革带有明显的市场化倾向，国家将属于全民所有的自然资源（矿产、水）的开采权通过市场机制转交给私人领域。

温泉资源为国有资源，根据国家《取水许可管理条例》与《矿产资源法》的相关规定，对划定范围的温泉区，企业可以通过办理采矿与取水证，缴交水费、资源费等之后，由国家出让给企业使用。但是，同一块温泉区域只允许办理一张取水证与采矿证，且必须两证齐全才可合法开采温泉资源。之所以对温泉资源的开采权进行垄断性的制度安排，是为了对温泉资源进行统一开采，避免出现"公地悲剧"导致资源破坏的考虑，但是，正是这样的制度安排为温泉资源的私有化提供了保障，开采权所有者从此拥有资源的排他性权力。值得注意的是，作为私有物的温泉资源，证照持有企业拥有对某块既定范围的温泉资源开采的垄断权利，属于同一个温泉版块内的其他温泉企业既无权自己开采温泉资源，也无法直接从政府买入温泉资源，转而只能向办证的企业购买。在证照齐全的情况下，办证企业有权利将从国家购入的温泉资源高价卖给其他企业，甚至可以用故意抬高价格的方式打击同一地区的温泉企业。在这样的资源管控格局中，垄断企业因为温泉资源的垄断而一家独大，并依靠自己手中垄断的温泉资源对其他企业进行掠夺性的定价，对其他温泉企业的利润空间进行剥夺，转移到自己的企业之中。

国家政策为温泉资源提供的合法私有化的途径，是导致本来属于全民所有的温泉资源开发表现出剥夺性特征的主要原因，在温泉资源私有化的过程中，地方政府依据资本规模确定私有产权的所属，大资本打败小资本得到了资源垄断权利。但是，投资于固定份额温泉资源所产生的利润率并没有实质性的增加，表面上的经济增长完全是基于投资额的增加带来的。垄断企业依靠温泉资源的定价可以直接剥夺原本由其他企业温泉企业的投资带来的回报，实际上是完成了一次温泉资源利润的再分配。

  3. 剥夺性开发导致的资源浪费与不公正问题

  在永汉镇案例中，温泉资源在龙门县未来区域发展中至关重要，是龙门县域经济发展的战略资源。但是，企业垄断温泉资源后，并不会从县域经济角度出发善待资源，而是会从企业自身利益最大化的角度处置温泉。例如，龙门县持有温泉资源开采权企业，因为当地温泉资源较为丰富，除了满足旅游设施的供水外，还有大量的温泉水剩余，这家企业出于节省电力开支和供热设施建造成本的考虑，直接将温泉水接入其经营的 600 多间客房，客房的洗澡水直接使用温泉水，而没有其他供热管道，不仅如此，700 多名员工的宿舍也是直接使用温泉水作为生活用水，连厕所的用水也与温泉水管连接。但是，在同一个区域的其他温泉企业却闹"温泉水荒"，拿着高价却得不到充足的温泉水使用，被迫倒闭或迁走。地方政府对于这种浪费资源的情况却无权干预，因为资源的开采权是由企业合法持有，以何种方式使用温泉资源也是企业的"自由"。

  按照国家对于温泉资源的管理规定，政府退出温泉水权的管理领域之后，温泉资源必须以垄断形式被某家企业所占有，这对企业间的公平发展是个极大的挑战。龙门县目前已有大小温泉 15 家，多为民营企业，其中不乏多家温泉企业共享同一块温泉资源的情况，且在日后不断招商引资的过程中，多家温泉企业共享一块温泉资源的情况难以避免。如果按照投资能力决定温泉资源垄断权的持有企业，则必然难以兼顾在时间上先投资开发的小企业的利益，但是，如果出于公平原则保持小企业对于温泉资源的垄断权利，则难以实现地方政府希望的短期拉动经济增长的结果。

因此，大多数情况下地方政府都会保护大投资者，剥夺小企业的发展权利。更令人担心的是，这种企业独享温泉资源的局面一旦出现，政府也随之失去对区域经济发展的主控权，在将来的招商引资中陷入被动，这将不利于地区经济的长远发展，造成资本最终剥夺了地区经济可持续发展的权利。

（三）地方政府的管控

1. 地方条文庇护下的管理权之争

地方政府充分利用"规范性文件"的发布权为其争夺地方温泉水权的行为铺垫了合法性基础。以从化流溪温泉度假区为例，1996 年从化市政府印发的《从化市流溪温泉旅游度假区供水管理暂行规定》中明确规定"流溪温泉旅游度假区管理委员会负责管理辖区范围内的供水工作"，对"本规定实施前已开发的热水井，由管委会按有关规定核定的实际投入资金折价收回统一管理"。正是这份以地方政府名义颁发的暂行规定，为管委会收归温泉水井的工作提供了依据。

实际上，从化流溪温泉度假区内在政府收归温泉水管理权之前，大多数的温泉井由民营企业出资打造，并按当时的管理规定向从化市水利与矿产管理部门缴纳了相关的水费、矿产资源补偿费等国家规定的税费，形式上并未抵触相关法律。但是，作为温泉资源行政管理职能部门的地方政府，显然比企业更加熟知国家对温泉资源管理的相关法律与规定，在从化地方政府的默认下，民营企业完成了前期温泉水井的投资，但随后不久，从化地方政府就从国家《矿产资源法》中"矿产资源属于国家所有"的规定出发，以规范性文件的方式进一步"明确"了地方政府机构是温泉水管理的唯一合法主体，将本来属于民营企业的开采权定义为

"非法"行为，最后迫使民营企业接受管委会统一管理的行政安排。在这一过程中，从化市政府出台的规范性文件起到了至关重要的作用，因为国家层面的立法在规定了温泉资源"国家所有"的属性之后，只规定了"矿业权"是温泉资源开采单位的合法凭证，并未对取得"矿业权"的单位性质作出明确规定，地方政府正是抓住了国家立法层面内"未定义"的漏洞，以"规范性"文件加以"明确"。这份地方政府制定的规范性文件是在不违背国家法律的基础上，通过法规的形式将本属于公共领域的权利定义成了政府的权利，而企业和个人只能处于被动接受法律管理的位置。通过制定规范性文件在法律上争夺悬而未决的权利，是地方政府得以从占有资本优势的企业手中争夺地方温泉水管理权的有力武器。

2. 以产权分割为基础的产权交易

在国家对矿业权采取"有偿使用"的大原则进行管理时，地方政府与资本所有者在矿业权的竞争上处于弱势。因为取得矿业权的过程需要投入大量资金用于勘探、打井，这笔费用少则百万，多则上千万，对于大多数地方政府而言是个不小的困难，尤其在矿产资源改革的初衷就是通过市场化的办法实现国家所有权的经济效益，减轻在计划经济体制下由国家统筹勘探、开发的经济负担的背景下，地方政府想要依靠来自上级的财政支持获得地方温泉资源的矿业权并不现实，只能依靠自身的财税来解决矿业权的资金问题。正因为此，很多地方政府在温泉资源开发之初都不得不借助外界资本的帮助，但是当温泉开发的价值凸显，其对地方经济的重要性不断提高，地方政府重新掌控资源主导权的愿望也会愈发强烈。此时，地方政府作为国家代言人对温泉资源保有的"国家所有权"与资源开发者通过投资形成的私权之间的冲突在所难免。

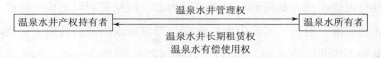

图 5.8　温泉水井持有者与资源所有者间的交易

　　为了解决作为国有资源代言人的地方政府与资产所有者之间的利益纠纷，将温泉水权进行分割后再分配的思路无疑为调和地方政府与投资者之间的矛盾提供了可行性。以从化流溪温泉旅游度假区为例，图 5.8 显示了地方政府与水井持有者之间的交易，在这个交易过程中，地方政府以当地温泉水的所有者身份与水井投资者进行谈判，要求由政府统一管理当地温泉资源的供水。经过协商，水井持有者同意将温泉水井的管理权转交政府，但同时要求地方政府在得到水井的同时与自己签署一份长达 50 年的水井租赁合同，期间的租金从水井打造的投资额中扣除。这样一份协议既实现了地方政府在形式上对当地温泉资源的控制权，又保证了投资方的既得利益，实现了双赢的效果。从中可以发现，深埋于地下的资源是在后期投资下才转变成为有价值的温泉水的，因此，即使在地方政府握有话语权的情况下，投资方在其中拥有的权利也难以完全忽视。但是，通过对温泉水的产权进行分割，以其中的使用权和部分处置权换取统一的管理权是可以实现的。

　　3. 官员委任制导致的政府治理失灵

　　地方政府统一管理温泉水的好处在于能够从地方经济的角度出发经营温泉水业务，使得温泉水的使用产生区域经济利益最大化的结果。另一方面，地方政府投资温泉水基础设施建设，也可以节省企业各自专门投资温泉基础设施的成本，实现规模效应。更重要的是，作为国家资源的地方代理人，地方政府长期持有温泉资源管理权的保障性更强，其统一管理温泉资源在理论上可以避免可能出现在私营部门身上的因为急于短期获利而造成资源破坏的情况。但是，实际中地方政府管理温泉水出现的政府失灵现象并不少见（许庆明，2001）。以流溪温泉管委会为例，2006年流溪温泉旅游度假区的总体规划中以流溪温泉最大开采量结合当时的现状情况为基础，对日后整个度假区招商引资的开发供水有过统一规划，但是，随着招商引资工作的逐步展开，最后引进的企业在管委会得到的温泉水报装量几乎都比规划的供水量要大（表5.2）。为什么在最大可供水量已知，甚至在总体规划中已经明确供水限量，在政府的控制下依然会超标？这与流溪温泉管委会的机构设置有关，管委会是从化市政府直属的正局级单位，虽然通过经营温泉水资源，管委会的收入持续增加，但温泉水费是先行上缴到市财政后再返还到管委会，因此，管委会的实际财权并不独立。更重要的是，作为从化市派出机构，从化市政府有权对其主要领导进行任免，这使得管委会的决策行为也不独立。在超标批准温泉水报装量的过程中，来自上层政府的命令起到关键作用，在财权与职位任免权都保持在上级政府的情况下，无论是最大开采限量还是规划，都需得到上级领导的认可。

表 5.2　流溪温泉旅游度假区规划供水量与实际报装量对比

（单位：立方米每日）

	规划供水量	实际报装量
颐龙山庄	375	200
动感温泉	375	500
华熙温泉	375	400
侨鑫会议区	375	500

资料来源：流溪温泉旅游度假区管委会。

由此可见，由上而下的官员委任制使得处于基层的政府机构在管理温泉资源时身不由己，在政治考量大于环境、经济考量，上级政府又不用对地方的资源危机承担风险时，破坏资源的行为就会出现。

（四）温泉水权结构制度的对比

从化与龙门县的三个温泉地所处地理环境十分相似的情况下出现了截然不同的三种温泉水权结构，不同的产权安排将给参与温泉水权交易的各方带来完全不同的激励，最终将导致温泉资源因为不同的使用方式而出现不同的经济效率。本节所指的制度效率属于新古典经济学的范畴，将制度效率的比较置于既定的制度前提下研究资源配置是否有效。按照新制度经济学的观点，制度的无效率或低效是因为省略了部分约束条件，而在考虑了所有的约束条件之后，所有的制度都是帕累托最优的（张五常，2000），本研究将在下一章对导致低效制度存在的约束条件进行详细的讨论。本节在新古典经济学的框架下对目前国内温泉地存在的三种温泉水权结构的经济效率进行对比（见下页表5.3）。

温泉水权制度的经济效率主要包含两个方面的含义：第一，要以温泉资源的保护为前提，如果资源不能得到有效保护，产生的经济效益都是短暂的，从长远利益上考量就是无效的制度；第二，由温泉资源带来的经济总效益最大化，包括温泉资源给本地居民和企业等使用温泉的相关群体带来的所有效用的总和。温泉资源属于国家所有的自然资源，在权力主导的产权结构下，由于产权缺乏清晰的界定，权力部门依靠权力争相获取温泉资源开采权，一方面分头保持的温泉资源开采权导致了过度开采的悲剧，另一方面权力部门垄断温泉资源后阻碍了新的投资的进入；民营

表 5.3　温泉旅游地不同水权结构的制度效率比较

类型	制度结构	行为特征	经济效率
权力主导	· 属国家所有，具体产权人不清晰	· 权力部门缺乏激励对温泉资源进行保护 · 权力部门缺乏激励协助地方政府引入新的投资者	· 产权不明晰的情况下出现多家采水单位竞争性采水，破坏温泉资源 · 高价卖水导致其他企业投资积极性不高
民营资本主导	· 属民营企业的私人产权	· 民营企业具有激励保护温泉资源 · 民营企业缺乏激励协助地方政府引入新的投资者	· 将温泉资源实现企业自身利益最大化 · 阻止其他竞争者的进入，在非市场竞争的环境中导致温泉资源的低效使用
地方行政主导	· 属地方政府的公共产权	· 地方政府具有激励保护温泉资源 · 地方政府具有激励引入更多的投资者	· 温泉资源得到有效保护 · 引入市场竞争机制，通过竞争不断提高温泉资源的整体经济效益

资本主导下的温泉资源成为民营企业的私有物品，民营企业一切从自身利益最大化出发的使用温泉的结果，就是温泉资源的低效利用；地方行政主导下的温泉资源是属于地区管理下的公共资源，政府在拉动经济和保护资源两方面都具有正面激励，较之其他两种温泉水权制度更加有效率。

四、小结

处于经济社会转型过程之中的中国温泉水权制度纷繁复杂，且很多地方的产权安排既不清晰也不稳定。本研究借助制度科层的理论视角，将参与到中国温泉水资源治理过程中的主体归入中国科层制政治结构中的不同层级之中，通过对各层之间及每层内部各实体之间围绕温泉水权的分配机制的梳理，归纳出目前中国温泉资源产权方面主要的四种水权制度："社区主导"制度、"权力主导"制度、"民营资本主导"制度和"地方行政主导"制度。

　　在当今社会，本研究归纳出的四种温泉水权制度是并存于不同空间之中的，而在温泉作为旅游资源开发的地区，则以后三者为多。三种典型的温泉地的水权结构具有完全不同的制度效率："权力主导"的温泉水权结构因为产权归属不明晰，在国家的名义下温泉资源遭到了破坏性开采，地方政府也因受制于自上而下的政体制约而失去了对地方经济的主导权；"民营资本主导"温泉资源是市场化的资源改革带来的温泉资源私有化现象，虽然温泉资源在企业的治理下能够实现内部的利益最大化，却因为阻碍了其他竞争实体的进入而造成了温泉资源的低效率和非公平的竞争结果；"地方行政主导"下的温泉资源能够在保护资源的前提下为企业创造竞争性的温泉水权市场，成为目前的温泉地开发中最有效率的一种制度安排。

第六章　中国温泉水权制度变迁的幕后博弈

一、温泉水权制度生成的历时态解释

前文所述四种温泉水权制度是对在中国出现的典型的温泉资源产权安排的理论梳理，现实世界中温泉地的温泉水权制度可能会以某种过渡或混杂的状态出现，即在同一个地方可能正处于两种温泉水权制度交替的过程之中，既不同于前一种制度安排，又没有完全过渡到后一种制度安排，表现出制度的不明确性。

依照前文梳理的四种温泉水权制度出现的时间先后，可以大致归纳出中国温泉水权制度生成的过程（如图6.1）。下文就分别

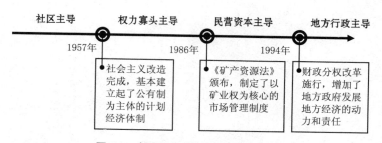

图6.1　中国温泉水权制度的变迁过程

对权力主导型、民营资本主导型和地方行政主导型三种温泉水权
制度生成的原因进行解释。

（一）分权视野下的国家资源瓜分：权力主导型水权制度的生成

从封建专制王权到社会主义制度下的中央集权，温泉资源作
为与土地相伴生的一种附属自然资源的"国家所有"的属性没有
发生本质的变化。但是，在新中国成立之前漫长的历史发展过程
中，由国家直接介入开发与使用的温泉资源十分稀少，只有陕西
的华清池、北京的小汤山、南京的汤山等几处接近历朝历代首都
的城市温泉资源是由国家机关直接管理与开发的，而中国绝大部
分地区的温泉资源伴随其土地资源的使用权一并置于社区的自治
之下。但是，新中国成立之后至 20 世纪末，隶属国家的各级权力
机关以国家之名收回全国各地的温泉资源，并建立起一批服务于
国家干部的疗养院，原本与土地联系在一起的温泉资源使用权被
大规模地剥离，究竟是什么原因促成了在温泉资源的国有属性没
有发生变化的情况下，原本与土地紧密联系在一起，受到地方社
区控制的温泉资源使用权被国家机关大规模收回？

1. 中国分权化改革导致的温泉疗养院过度供给

分权化被认为是 1979 年以来中国改革的主题之一。实际上，
早于 1979 年之前中国进行的两次改革中，分权已经成为改革的主
要内容。学界普遍认为 1979 年之后的分权与前两次改革中的分权
存在重要差别，并将前两次称为行政性分权，后一次称为经济性
分权。行政性分权是由中央政府向地方政府的分权；经济性分权
是由政府向企业或家庭的分权（吴敬琏，2003）。本研究不想否认
这种对分权分类方式的合理性，但是在中国经历的三次分权化改

革浪潮中，两种类型的分权都或多或少有所体现，而不是决然以某一种分权为唯一特征。并且，中国分权化改革中由中央政府向地方政府的不断分权恰恰是中国改革中最重要的特征之一。

正是在中国三次分权化的改革过程中，地方政府的自治能力不断提高，为各地方自主建设温泉疗养院创造了制度基础。

1958 年为发动"大跃进"运动，中央制定了"体制下放"① 的经济管理体制改革政策。在这一体制下，各级政府响应"赶英超美"的号召，充分运用自己调动资源的权力，大上基建项目，招收职工，无偿调拨农民的资源，完成计划指标。结果很快爆发了各自为政、自成体系的各地区、各部门、各单位争夺资源的大战。各地区、各部门在这一过程中的自身规模大大膨胀 ②，发展地方经济的自主权得了提高。但是，这一次体制下放的改革由于引起了全国范围内的经济混乱，经济效率大幅度下降，浮夸成风，导致

---

① 1957 年 9 月中共八届三中全会通过了陈云组织起草的《关于改进工业管理体制的规定（草案）》《关于改进商业管理体制的规定（草案）》和《关于划分中央与地方财政管理权限的规定（草案）》，这三份文件促成了 1958 年"体制下放"政策的实施。这一年体制下放主要包括以下几个方面：第一，下放计划权。1958 年 9 月《关于计划管理体制的规定》中规定，地方政府可以对本地区的工农业生产指标进行调整；可以对本地区内的建设规模、建设项目、投资使用等进行统筹安排；可以对本地区内的物资调剂使用；可以对重要产品的超产部分，按照一定分成比例自行支配。第二，下放物资分配权。1959 年，统配、部管物资由 1957 年的 530 种减少到 132 种，减少了 3/4，其余下放给各省、市、自治区管理，在供应方面，除铁道、军工、外汇、国家储备等少数部门外，不论中央企业还是地方企业所需物资，都向所在省、市、自治区申请，由后者分配和供应。第三，下放基本建设项目审批权、投资和信贷管理权。1958 年 7 月，中央决定对地方建设项目实行投资"包干"制度，即在"包干"范围内的投资可以由地方政府自行决定、自我增值；地方政府可以在中央下拨的资金和地方自筹的资金范围内任意兴办各种事业，包括限额以上的大型项目。第四，下放财政权和税收权。国务院决定将中央与地方间的财政收支划分从"以支定收、一年一变"改为"以收定支、分级管理、分类分成、五年不变"；把城市房地产税、文化娱乐税、印花税等 7 种税收划为地方固定收入；对商品流通税、货物税、营业税、所得税等中央管理大宗税收，实行中央企业 20% 的利润由所在省（市）地方政府分成的制度。
② 1958 年一年国有企业职工人数由 2451 万人猛增至 4532 万人，增长 84.9%，1960 年职工总人数达到 5969 万人，城镇人口由 9949 万人增加至 1.3 亿人。

中国经济陷入严重困难，1962 年之后中央政府开始回收权力，整顿经济秩序，第一次分权改革终止。1970 年中国进行了以"下放就是革命、下放越多就越革命"为口号的大规模经济管理体制改革①，这是 1958 年体制下放后中国进行的第二次分权化改革。结果也与 1958 年一样，各地掀起大办工业、追求高速度高指标的热潮，各地方进行的争夺资源的斗争使国民经济再次陷入混乱，后来在邓小平主持的"全面整顿"中进行了重新集中化。始于 1979 年的改革，直到 1994 年之前所采取的"财政包干"等行政性分权的办法，也依然只是通过权力下放鼓励地方政府增收节支，虽然能够一定程度地刺激地方政府发展经济的行为，但是很快就暴露出既损害计划经济所要求的政令统一，又促成地方保护主义的弊病。到 20 世纪 80 年代中期，地区间相互封锁、分割市场以及对本地企业实行行政保护等行为已经成为国内统一市场形成的重大障碍，以至于有人将中国经济称为"诸侯经济"。

　　因此，从 1958 年至 1994 年，中国的改革走进了"一放就乱、一收就死"的循环，其本质特征是在保持计划经济用行政命令配置资源的总框架不变条件下向地方政府层层分权所形成的分权型经济体制。值得注意的是，在中央对地方权力的"收—放"过程中，改革过程中由分权向收权的逆转没有一次是彻底的，地方政府总是设法截留一部分的权力。因此，发展至 20 世纪 90 年代中期，地方政府在经历了一次次分权改革之后的事权与财权不断增强，自治能力越来越强（Qian & Xu, 1993）。温泉疗养院正是伴随着地方政府权力渐长的过程中，专门用于服务各国家机关的附属品，这些温泉疗养院多半由各地方、各部门自筹资金修建，服

---

① 1970 年毛泽东根据对国际形势的判断，认为世界大战随时可能爆发。因此，这次"下放"有着明确的"准备打仗"的政治军事目的。

务对象也主要是各地方、各部门的内部接待与疗养。由于建设温泉疗养院的资金来源于条块分割下的各地政府与部门，彼此之间没有统筹协调，导致条件越是优越的温泉地，开发的温泉疗养机构就越是密集，过度开发的现象也越严重。

2. 中央集权传统下的温泉资源国有

在温泉疗养院过度开发的情况下，温泉资源很快就从社区的手中回归到各国家机关的控制之下。这其中除了因为技术的进步为权力部门在与社区争夺温泉资源过程中创造的优势之外①，更重要的是温泉资源在中国历史传统下为国家所有的属性，为国家权力部门的收回行为提供了合法性基础。

上古时代，温泉水完全处于自然状态，当人类开始定居生活，转以农耕为主，有了相对固定的农田与社区时，合理利用温泉水资源这一问题，便开始出现在人类的生产活动之中。社区生活用温泉水形成了人类社会最早发生的温泉水权关系，为协调和处理这些公共关系，就形成了约束有关各方的条例，这是温泉水权制度的起源。在这些乡规民约中，虽然尚未明确温泉水权的制度，但不能侵害他人的权利，不能给他人造成损害这种维持正常行使温泉水权的基本要求已经具备。由于各种原因，温泉水权没有在古代确定，但随着时间的推移，温泉水权的相关内容随之明确。从秦开始，实行中央集权制，国家的任何资源都掌握在以皇权为中心的统治阶级手里。晋朝曾规定："王者之制爵禄，公侯伯子男凡五等，名山大泽不以班，其余以禄土，以为间田。"应该说这在我国历史上是第一次明确把自然资源划为国有和私有两种。所谓国有，就是重要的山

---

① 社区居民享有的多半为自然流露地表的温泉水，而温泉钻井技术的发展，使得这一时期的国家部门可以在原本没有温泉出露的地点打井抽取地下温泉水，并导致天然温泉水的断流。因为钻井的投资来自国家部门，因此其取用温泉水的权利获得了正当性。

川与河水归帝王所有，而其余的小河湖泊作为土地的附属物按等级划分给诸侯和贵族，成为私有财产。唐朝也规定"天下山泽之利当归王者"。不管历史上如何变动温泉水的所有权限，有一点是始终如一的，即温泉资源所有权在古代是属于上层统治阶级的。为了维持自身的存在，统治阶级制定了一定的规章，在一定的约束条件下，让老百姓使用湖泊河流里的水。皇帝把水资源所有权归为共有，给农民若干使用权，以便把农民束缚在土地上，利用水加强对多数农民的直接控制，保证赋税的来源。随着历史的发展，统治者也提出"江海田地，与民共利""禁势力家不得固山泽之利"。但因老百姓都租用国家和地主的田地，使用温泉资源的费用都加到田地租税里面了。所以，总的来说温泉资源所有权是属于国有的，在历史上也就是统治的君王所有。

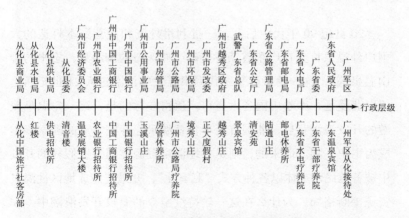

图 6.2　从化温泉风景区温泉内的国有单位

　　魏特夫用"东方专制主义"描述中国传统社会的特征，认为中国的国家体制形成于自然条件十分恶劣的环境之下，在当时需要有劳动力、生产资料、科学技术和管理体系的高度集中才能完成一些让国家生存下去的重大（水利）工程，因此也称为"水利社会"（卡尔·魏特夫，1989）。东方专制主义的社会严格地实行中央集权，拥有人数众多的官僚机构，专制君主集立法、司法、行政权力于一身，可以随意作为，具有至高无上的权威，对专制君主加以神化，并且借助宗教进行统治。虽然新中国成立之后，中国推翻了封建专制主义的统治，建立了社会主义民主制度。但是，在专制传统下"莫非王土"的观念很自然地转变成为未作定义的自然资源归"国家所有"的规则，并广泛得到社区的认可。正是基于东方专制主义传统保留下的文化观念，为当时各级权力机关以国家之名收回资源的行为留下了一条顺畅的道路。

（二）中国地方政府发展竞争中的非国有资本优势：民营资本主导型水权制度的生成

20 世纪 90 年代中后期，一批利用外资和民营资本打造的大型户外温泉首先在广东省获得突破（如珠海的御温泉、恩平的金山温泉等），这一轮号称第三代温泉开发的浪潮进入 21 世纪后迅速向北蔓延，席卷中国各大省市。值得注意的是，这一轮温泉旅游的开发浪潮背后，非国有资本代替温泉疗养院时期的国家资本成为主角。随之而来的，则是各地温泉资源在温泉度假村的开发中被各色民营主体以各种方式"私有化"，并最终造成地区性温泉资源垄断格局。为什么在这一轮持续至今的温泉开发浪潮中，非国有资本能够在全国各地的开发中取代国有资本，甚至以垄断温泉资源的形式保障投资的利益？是什么原因导致原属"国家所有"的公共资源普遍地被非国有资本垄断？

1. 为增长而竞争的地方政府的"向外"求索

中国在保持政治上高度集中的同时，不断分权化的改革使得中国经济已经演变成事实上的"经济联邦"结构和体制（Qian &

Weingast，1997）。这种观点认为中国经济并非一个整体和一个完整的市场组织，各地区之间的经济差别甚至比某些国家之间的差别还要大，而且这种差别长期存在着。向地方政府的经济分权把巨大的经济体分解为众多独立决策的小型的地方经济，创造出了地方为经济增长而激烈竞争的"控制权市场"（周黎安，2007），虽然没有像美国联邦制下彻底的私人产权制度和完善的金融，却有了地方之间为增长而展开的充分竞争，因此可以称为中国特色的"经济联邦制"。

　　地方政府为增长而展开的竞争成为解释中国经济改革获得成功的关键。中国之所以能够在分权化的改革中形成维护市场的"经济联邦"，很大程度上取决于中国 M 型的经济组织形式，这使得同样的改革措施在采取 U 型经济组织的东欧与苏联以失败而告终。① 在 M 型组织中，地方政府的主要职责是地区的发展和福利，地方政府被赋予半自主的权力，对上级责任很小，同时不接受上级的大量财政支持，基层政府尤其如此。处于层级制底层的基层政府在与上级政府进行面对面的讨价还价时处于很弱的地位，因此，基层政府要从上级得到投资配给，或得到给隶属于它的非国有企业的补贴，是极为困难的。在这种情况下，地方政府就有很强烈的动力去建立或支持地方企业。由于上级没有分配足够多的资金给基层，基层政府只好转向建立或支持非国有企业。较弱的讨价还价能力与半自主的地方结合在一起会深深影响地方政府的

----

① 所谓 M 型经济组织，是根据管辖范围原则运用多层次、多地区形式组织的，其中每一层次上的每个地理区域都可以看作一个运作单位。每个单位再按地理方式进一步划分，同时，这一单位按职能方式控制自己的企业。而 U 型组织中所有的产业和地区都是高度专业化的。因此，计划执行单位紧密的相互依赖和严格垂直的行政协调对于保持经济的正常运转是至关重要的。U 型层级制中地区之间的相互依赖程度很高，若允许一个或几个地区做实验，会打破经济的正常运转，可能会严重阻滞经济的发展，而不管从地区角度评价实验是成功还是失败。

动力与行为，由于在层级制内与上级讨价还价的余地很小，市场上的机会更多，地方政府官员就会把更多的精力放在市场上的非国有企业上。在扩大税基的内在欲望和地区间致富竞赛的外在压力下，地方政府往往对以市场为基础的非国有部门的发展给予了积极的支持。

对于温泉地的地方政府，温泉资源是发展经济的重要资源，20世纪90年代后期建设的温泉度假村，往往投入巨大，能够为地方政府创造不菲的税收贡献，尤其是对于区位条件不佳的地方更是如此。但是，想要通过体制内的办法筹集到建设大型温泉度假区的资金十分困难，因为温泉属于遍在性资源，地方政府以开发温泉的名义很难从上级政府得到资金扶持。所以，向市场中的非国有部门寻求各种"体制外"的资金成为地方政府的必然选择。

2. 中国市场化改革背景下温泉产业中的国家退出

导致20世纪90年代中后期以来非国有资本垄断各地资源的另一个原因，是这一阶段的市场化改革造成原先温泉产业中的国家资本大量退出，为非国有资本的进入留出了空间。

首先，医疗体制改革，导致国有温泉疗养院大规模倒闭。在20世纪90年代之前建立的温泉疗养院大部分纳入各单位的公费医疗范畴之内，因此，大批的疗养型客人成为支撑温泉疗养院迅速发展的重要原因。但是，自20世纪80年代初开始，一些企业和地方就已经开始了自发地对传统职工医疗保障制度的改革探索，如医疗费用定额包干或仅对超支部分按一定比例报销，以及实行医疗费用支付与个人利益挂钩的办法等，这些改革实践的持续发展呈现出一种由公费医疗制度向适度自费制度的过渡。1989年，卫生部、财政部在公费医疗开支范围内对具体的13种自费项目进行了说明。1998年12月，国务院发布了《国务院关于建立城镇职工基本医疗保险制度的决定》，明确了公费医疗制度向医疗保险制度的决定。至此，因为原先享受公费疗养的疗养"病人"大幅度减少，直接导致隶属于各地方政府和部门的温泉疗养院经营业绩巨幅下滑，大批倒闭。

其次，国有企业改革中，大批原属于各级国家部门的温泉疗养院转制成为非国有企业。1995 年 9 月，国务院提出"抓大放小"的国有企业改革方针，国家除了掌握一批关系国家命脉、体现国家经济实力的 1000 多家国有大中型骨干企业以外，其他的小型国有企业通过兼并、租赁、承包、出售或破产等方式"放开搞活"。① 在这一国企改革的总方针下，至"十五"结束，广东省国有中小企业改制面超过 85%，全省关闭、破产、注销的国有企业共 3000 多户（广东省人民政府，2007）。在这一轮大规模国企改革过程中，原来隶属于各政府机关的温泉疗养院基本成为被"放开搞活"的改革对象，以从化温泉风景区为例，原先 20 多家国有的温泉疗养院和招待所在改制之后，只剩下广东省温泉宾馆、荔圃宾馆（广州军区）、广东省干部疗养院三家仍属国企，其余全部通过转制成为民营企业、股份合作制企业或被其他国有大企业兼并，部分得以保留国企身份的疗养院也因为经营效益低下，将其所属的大片物业承包给个体经营。在转制过程中，部分地区出现之前由国有温泉企业掌握的温泉资源开采权也随之流入非国有部门的现象。

第三，矿产资源管理体制改革通过市场化的方式将温泉资源开采权从国家部门流转至非国有部门。1996 年国家在《中华人民共和国矿产资源法》的修订中规定："国家实行探矿权、采矿权有偿取得的制度，开采矿产资源必须按照国家规定缴纳资源税和

---

① 1995 年 9 月，中共中央十四五中全会通过的《中共中央关于在制定国民经济和社会发展"九五"计划和 2010 年远景目标的建议》提出，要着眼于搞好整个国有经济，通过存量资产流动和重组，对国有企业实施战略性改组，搞好大的，放活小的。

资源补偿费。"改革的初衷是改变矿产资源勘探、开采长期由国家统筹安排的负担，将部分中小型矿产资源通过市场方式进行开发。但是，按照改革之后的温泉资源矿业权的获取方法，必须从勘探开始投入较大规模的资金才可以获得开采权，这使得资本雄厚的大企业具有先天的优势，而开采权范围上的限定又造成矿业权具有垄断属性。最终的结果就是各地的温泉资源开采权基本为具有投资实力的大企业所垄断。

（三）区位改善中发展型地方政府的"变通"：地方行政主导型水权制度的生成

从化的地方政府在流溪温泉度假区开发过程中不再甘于仅作为资源的出让者为投资者垄断温泉资源保驾护航，而是摇身一变成为资源的管控者，垄断了区域内温泉水资源的开采与供应权。企业在政府控制水龙头的情况下展开了激烈的行业竞争，通过努力经营而不是垄断资源获取回报。但是，在整个流溪温泉度假区的开发过程中，主要的开发资金是各家企业投入的，为什么企业甘愿让地方政府掌控水龙头，让自己置身于竞争的环境之下？而且，从化政府的做法得到了周边地方政府的认同，其他地方政府也有意愿展开行动控制温泉资源的开采权和供应权。是什么原因使得政府控水成为各地地方政府首选的资源管理方案，并得以实施？

1. 从买方市场到卖方市场的转变

不断改善的区位交通条件，使得投资温泉资源的旅游开发回报率呈不断上升的趋势。温泉旅游市场是以近程客源为主的市场结构，这意味着温泉所在地与客源地之间的交通进入性与其开发后面向的市场规模呈正相关。一个温泉地 1—2 小时车程范围内包括的客源市场越大，其投资旅游开发的回报率就可能越高。决定温泉地交通进入性的因素主要是两个：第一，温泉所在地的位置；第二，连接温泉所在地与主要客源地之间的交通状况。第一个区位因素是固定不变的，这也是为什么目前清远、惠州、珠海等邻近珠三角的温泉目的地发展得比粤北、粤西、粤东的温泉要好的主要原因；而第二个区位因素在最近几年不断得到改善。以中国的高速公路建设为例，1988年中国大陆第一条高速公路开通之后，1988年至1992年年均新增高速公路通车里程130千米，1992年至1997年年均新增高速公路超过820千米，1998年至2007年年均新增高速公路通车里程达4500千米（蓝兰，2016：68—77）。中国突飞猛进式的道路基础设施建设深刻地改变了众多温泉地的区位条件，尤其是那些地理位置接近主要客源地的温泉地。如从化温泉，以前经广从公路由广州到从化温泉需要耗时两个多小时，街北高速开通后缩短至一小时以内，再例如龙门温泉，现在从广州到龙门需要两个半小时车程，但广河高速开通之后，龙门到广州车程将缩短至45分钟。在这种情况下，之前因为受制于交通条件而四处寻找投资者的温泉地政府，逐渐成为各路投资商寻找的对象，温泉资源从买方市场转变成为卖方市场。

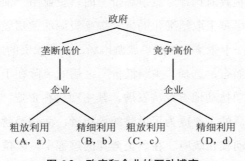

图6.3　政府和企业的互动博弈

拥有区位优势的温泉地政府作为资源的供应者，在卖方市场条件下处于交易中的有利地位，在如何分配温泉资源的策略方面，握有资源初始配置权的地方政府与拥有资本的企业之间存在如图6.3 的博弈选择过程。对于政府，可以选择"垄断低价"和"竞争高价"两种方式将资源分配给企业。第一种方式是将资源以被企业垄断的形式交由企业，由于按照国家规定，企业需要缴交给地方政府的价格是极低的，因此地方政府选择这种策略时从出让资源本身得到的收益很低；第二种方式是地方政府控制水龙头，采取用水指标的方式出售温泉资源给企业，企业与企业之间竞争购买温泉水将导致地方政府出让资源本身的收益较高。不论地方政府如何决策其向企业分配温泉水的方式，企业都可以采取两种方式对待自己得到的温泉资源：粗放式的利用和精细式的利用。政企双方在互动过程中的策略选择将影响到彼此的最终收益，政府收益（A，B，C，D）是指资源开发过程中带来的地方经济的增长，企业收益（a，b，c，d）是指企业开发温泉中赚取的利润。在政府选择"垄断低价"的策略时，由于资源被企业所垄断，而资源使用的成本又很低，资源垄断成为企业赚取利润的最大保障，增大了资源初始分配时的吸引力，但是资源出让后企业将选择粗放利用资源的策略，而将资金投入到其他方面保证企业自身的利润最大化；在政府选择"竞争高价"时，企业由于使用温泉的成本提高，将尽量采取精细化的方式提高资源的使用效率，同时企业面临的是一个竞争下的温泉旅游市场，企业投资的风险将更大。就地方政府而言，选择"垄断低价"之后的风险在于垄断资源的企业能否成功拉动地方经济发展，其主动权在企业，而选择"竞争高价"之后的企业成为了风险的承担者，面临经营不善被淘汰的危险，主动权在政府。在政企博弈的过程中，区位条件成为影响博弈结果的关键因素，区位条件越好，温泉开发的赢利风险就越低，而企业经营风险的降低反过来有助于政府选择"竞争高价"；反之，区位条件越差，温泉开发的赢利风险就越高，政府只能将"垄断低价"作为降低企业投资风险的手段。

2. 发展型地方政府的权力"变通"

前文曾经提到，中国 M 型的经济组织在经过分权化的改革后形成了具有中国特色的"经济联邦"，地方政府具有高度的自主性，为了地方经济的发展而展开竞争，这些特征都使得中国的地方政府成为一种发展型的地方政府。发展型政府的概念最早是在解释东亚经济增长问题时提出的，发展型国家被认为是介于英美市场模式与社会主义计划经济之间的一个国家介入但采取市场经济模式的国家制度，其具有计划理性而非英美的市场理性（Johnson，1982）。计划理性的国家比市场理性的国家更有意识地介入市场运作，而不只是规划市场运作规则。发展型国家具有两个主要特征：自主性（state autonomy）和国家能力（state capacity）。所谓"自主性"，就是国家机关能够形成和追求特定政策目标，而不只是反映社会团体或阶级的需求与利益；所谓"国家能力"，是指国家机关执行政策实现预期目标的能力，特别是在面对强有力社会团体反抗和恶劣的社会经济环境时所表现出来的能力。中国政府是否属于发展型国家尚存在争议，但是，在推动地方经济发展过程中的地方政府则无疑具备了发展型国家的特征，因此被称为发展型地方政府（邵东珂，2008）。

介入温泉资源管控的地方政府多位于区位条件优越的地区，地方政府为了更大程度地实现温泉资源的经济效益，防止私人资本垄断资源后出现低效开发的局面，通过行政手段干预了温泉资源的开采与供应环节，并通过地方政府制定"办法"的方式对国家法规进行了"变通"（孙立平、郭于华，2000），规定地方政府成为开采权的唯一合法主体。实际上，中国的省级和省会城市以下的地方政府并没有立法权，而国家的法规也并未规定温泉资源的开采权必须为地方政府所有，地方政府自行强化了政府作为资源所有者的地位，并通过行政手段阻止私人资本对开采权的获取，事后地方政府又按照符合国家规定的方式获得了合法的开采权和经营权，在形式上又没有违反国家关于温泉管理的相关制度，因此，这种"变通"得到了上级政府的默许。加之地方政府的变通行为的确最终促进了地方经济的发展，其实施结果比原有制度更加合理，最终不仅获得上级政府的肯定，并有可能导致正式法规制度的变迁并推而广之。

在地方政府控制温泉资源开采权和供应权，并最终促进地区经济增长的过程中，地方政府干预资源管控的目的是谋求资源开发最大程度地拉动地区经济，而非实现政府机构的自身利益，因此与剥夺性政府相区别。另外，地方政府在与企业就资源控制权的争夺过程中占尽优势，在中国的现行体制下，企业与政府并不是平等地位，政府处于有利的主导地位，而企业处于从属地位，政企之间是一种主从庇护关系，因此，地方政府在制定政策主导资源管控过程中表现出极强的政府能力。谋求地方经济发展的"自主性"与政府能力相结合，使得发展型地方政府通过"变通"方式改变资源管控方式成为可能。

二、温泉水权制度空间固化的解释

在本研究的三个案例地中，三地的区位临近，所面对的外部需求相近，却选择了三种截然不同的温泉水权制度安排。从其开发结果可知，地方行政主导型的制度安排明显优于权力主导型和民营资本主导型两种温泉水权制度。本研究将这种非最优的温泉水权制度安排称为"制度的空间固化",并从两个案例地的分析探究造成温泉水权制度空间固化的原因。

(一)权治逻辑下的法治困境

从化的两个温泉地(从化温泉风景区和流溪温泉旅游度假区)相距 15 千米,车程不过 10 分钟,但是两地的温泉水权制度存在很大区别。从化温泉风景区的温泉水权至今仍被几家国有部门垄断,缺乏统一协调的情况下资源长期遭到过量开采,属于典型的"权力主导"型水权结构;而流溪温泉旅游度假区的温泉资源则由从化市政府下属的管委会统一开采,统一供应给区内多家企业,实现了资源开发对地方经济的有力拉动,是典型的"地方行政主导"水权结构。为什么属于同一个地方政府管理,外部环境完全相同的两个温泉地会出现两种不同的温泉水权制度安排?在"地方行政主导"水权结构具有明显的制度优势的情况下,是什么原因阻碍了从化温泉风景区的水权制度变革?

1. 中国社会的权治逻辑

当下的中国是一个伦理社会、关系社会,有权力、有关系就意味着在利益分配中占据优势地位。在中国,人们常用"人治"的概念来表达中国政治文化的特征,并将"人治"与"法治"作为一对相对的概念来看待和使用,认为法治是相对于人治而言的,法治存在的理由是为了消除人治,认为中西方政治文化的差别就是"人治"与"法治"的差别。但实际上,这只是形式上的表现,从实质上来看,中西方政治文化之间应该是"权治政治"与"法治政治"的差别,因为,"人治国家中的人并不是指民众意义上的人,而是拥有国家权力的人。人治国家实际上是在没有法律约束下的权治国家"（卓泽渊，2008）。

在权治政治学者看来，政治的本质与核心是强力或权力。一般认为，这种权治政治观在西方开始于马基雅维利，马基雅维利第一次把政治问题看成纯粹的权力问题，他"把权力作为政治的核心，从而使政治学初具独立性"（张桂林，1999）。在我国，普遍存在的权力崇拜或强力崇拜，社会暴力行为的延展，社会关系的权力等级制，权本位的社会利益分配方式，权法关系上的权力至上，权力寻租与金权政治，经济领域的"仕场经济"，文化领域的"权力决定真理"，体育领域的"暴力足球"等社会现象都表明，"权治"作为一种文化观念在我国社会生活中的普遍性。刘俊祥将我国权治社会的形成归纳为三个方面的原因：（1）中国古典政治思想的主流是王权主义的权治政治观。在我国，自古形成的血族政治和权治政治的传统根深蒂固，封建政治文化在本质上是官本位文化，也就是"权"本位的文化。这是权治社会形成的文化根源。（2）从苏联所引入的"列宁化"的马克思主义政治思想，被片面地或僵化地理解为阶级的、国家和革命的政治观，将马克思主义简单地等同于阶级斗争和暴力革命的理论。这是权治社会存在的思想根源。（3）由于新中国是通过武装斗争而建立的，这种革命时期的阶级斗争与暴力革命的成功经验的延续，就成了权治社会存在的实践根源（刘俊祥，2013）。

与权治社会相匹配的是高度中央集权的政治行政体制。以官员委任制为主要特征的中国政治体制具有明显的中央集权色彩，在这个等级森严的行政体制中，从中央政府向下铺设出了一张严密的权力网络（图6.4）。在这张权力网络中，中央政府具有至高的权力，并统领30多个省政府、中央部委和中央所属的国有企业；省级政府与中央部委和中央所属国有企业属于在行政上同级，同时统领各自省域范围内的市级政府、省级政府部门和省属企业，其中，省级部门同时还要接受行政职能相同的上一级中央部委的管理；市级政府与省级部门和省属国有企业在行政上同级，同时统领各自市域范围内的县级政府、市级政府部门和市属企业，其中，市级部门同时还要接受行政职能相同的上一级省级部门的管理；县级政府与市级政府类似。因为下一级政府官员的人事任免权掌握在上一级政府手中，所以下一级政府在行事过程中都具有向上负责的压力。

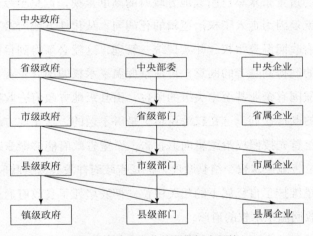

图 6.4　中国政治体制的权力网络

　　由于中国社会是个强政府的社会，政府对社会事务上的干预能力很强，这就使得"权治逻辑"借由强政府对社会事物的干预扩散至整个社会的方方面面，形成了"权治社会"。在权治社会中，社会规则是由政治权力界定的，社会事务习惯于按照"由上至下"的方式解决。

　2. 权治逻辑下的温泉资源法治困境

　　虽然"依法治国"已经成为我国的基本政治方略，并被要求将"发展民主同健全法制紧密结合""逐步实现社会主义民主的制度化、法律化"，但是，政治体制的改革比非一日之功，更何况从"权治"向"法治"的转化需要瓦解的就是过去的"权治社会"（谢晖，2006）。法治就是从结构上瓦解这个关系社会，以法律规则取代关系规则，通过法律规范人们之间的交往行为，最终将法治的观念输入整个中国社会，形成"法治社会"，这并不是一个近期就能解决的问题。眼下的中国社会中，权治逻辑依然成立。

在从化温泉风景区发展过程中，由于产权不明晰，各自为政导致的过量采水早已引起地方政府的高度重视，但是至今悬而未决，就是因为走入了权治逻辑的死胡同。从化地方政府希望由本级政府收回温泉水权，并实现统一管理，这就必须得到目前温泉水权的既得利益者的同意，目前掌握温泉水权的国有企业多半属于省属国有企业甚至中央级的单位，由县级地方政府去收归省属企业的既得权利，这在权治逻辑上是讲不通的。从化地方政府事实上也首先按照权治逻辑向上报告，希望省政府能够命令水权持有单位将温泉水权交给县政府，但是省政府并没有为县政府帮忙，反而是维护了自己属下的相关单位，彻底堵死了县政府通过权力手段收回温泉水权的道路。

随着社会法制建设的发展，近些年从化地方政府也试图通过法治的办法收归温泉水权，从化市在 1996 年通过出台《流溪温泉旅游度假区地下热水管理办法》，明确规定"温泉资源归地方政府所有，由地方政府统一供应"，已有的温泉水井也要"依法收归"。这一方法对于民营企业是奏效的，流溪温泉旅游度假区的温泉水权就是按照法治的办法从民营企业回到了地方政府手中。但是，同样的办法在从化温泉风景区则遭遇了权治逻辑的抵抗。首先，几家省属企业并不认同从化地方政府的"立法"，认为地方政府制定的"办法"不能管辖省属的企业；其次，省属企业对于温泉水权收归一事也没有处置权，需要征求上级主管部门的同意。显然，对于省属企业而言，权治逻辑才是最终确定温泉水权处置方案的唯一标准，而所谓的"法治"只不过是在权治逻辑可以触及的区域内的一种变相演绎，其背后起到关键作用的还是权治逻辑。

在从化温泉风景区的案例中可以清晰地感受到权治逻辑在水权制度变迁中的巨大作用。当制度变迁能够顺应权治逻辑开展时，"法治"逻辑只不过是行事的表面文章；当法治与权治相冲突时，法治的规则就不再奏效，制度变迁的政治成本陡然上升，最终导致低效率的制度得以保留，而看似高效的制度却难以实行。

（二）地方经济"增长联盟"的形成与固化

当温泉地的区位条件不断完善，企业投资开发温泉的需求也将呈不断上升的趋势，温泉水权市场将从"买方市场"转向"卖方市场"，此时作为卖方的地方政府最好是采取"地方行政主导"的方式管理温泉水权，从化流溪温泉旅游度假区就是一例。但是，现实世界中的温泉地并不都能够随区位条件的改变而轻易改变温泉水权的管理模式，这里面除开一部分温泉地的资源掌握在上级权力部门而导致权治逻辑下的改革成本过高的原因之外，另外一些先期被非国有资本垄断的温泉水权也出现了制度"停滞"，地方政府在可以作为的情况下依然不作为，仍有资本垄断资源导致的低效率，而不肯采取行政措施进行干预以达到资源的优化配置。是什么原因使非国有资本垄断资源导致的低效率的产权安排得以维持？

1. 中国地方经济"增长联盟"的形成

哈维·莫洛奇在研究美国城市发展问题时提出，增长几乎成为每一座城市异常强烈而一致的目标，为了实现城市经济增长，政府、商业机构、民间团体等各种利益集团必须依赖彼此之间的合作，于是便结成各种各样的合作关系，并称之为"增长联盟"（Growth Coalition）（Molotch，1976）。哈维认为，"美国的城市经济就是城市增长，城市增长的目标是由城市中许多不同团体共同设定的，许多力量共同推动着城市的增长，包括地方政府、政府官员、企业、媒体等，城市中不同力量因具体目标而形成了不同的增长联盟"（张京祥、罗震东、何建颐，2007）。美国的经验认为，地方官员发展地方经济的强烈动机和基于土地的经济精英聚敛财富的动机主导着城市政治的发展方向，并因此在城市发展中形成了政治精英和经济精英的联盟，而联盟形成后的城市行政体系则被比喻为一架"增长机器"（growth machine）。城市增长机器的建立就是一种典型的政府与城市增长力量"双向寻租"的现象。在市场经济条件下，城市政府为了取得某些政绩不得不借助于私人集团的财力，同时给这些公司提供一些优惠条件，如此城市政府就和企业集团形成了各种各样的增长机器。但这种增长机器又受制于社会的公共约束，权钱的结盟若是以牺牲过多的社会利益为代价，或者城市发展带来的利益未能被市民所分享，则市民可以通过民主渠道限制这样的增长联盟甚至改选城市政府。而新的城市政府一旦掌握了权力，就会发现为了吸引投资而必须向某些控制资源的企业集团让步或与之结盟，于是又产生了新一轮的政体变迁（张庭伟，2001）。

在我国，地方政府与市场之间的"增长联盟"不仅存在而且十分紧密：在传统的计划经济体制下，政府是经济活动的主体，是直接参与者，即政府扮演所谓的"运动员、裁判员、决策者"这一身兼三职的角色，经济资源的配置是按照指令性计划和行政干预来实现的。20世纪80年代以后，我国政府的改革目标带有欧美国家"新城市政策"的特点，地方政府的政策目标不再局限于传统的提供社会福利，一方面，对地方财政收入的强烈需求使经济增长成为地方政府的首要目标；另一方面，以经济建设为中心的要求和现行的政绩考核制度，使地方经济增长与地方政府官员的政治经济利益紧密联系在一起，导致转型期中国地方政府治理方式的"企业化倾向"。地方政府为了追逐特定利益集团的政治与经济利益，利用自己掌握的行政、公共资源的垄断性权力与企业结成"经济增长联盟"（吴庆华，2009）。"增长联盟"对地方政府行为的影响是显而易见的：政府和企业共同鼓励、促进或保持地方经济的增长，同时又必然会导致企业寻租和政府干预市场的行为的不断出现。究其原因，一方面，中国的地方政府还没有完全从经济活动中脱离出来，包揽了许多本该由市场自身直接承担的职能，直接管理一些管不了也管不好的事情，有些地方政府领导热衷于帮助企业跑项目、要贷款、搞销售等具体事务性工作，为了增加本地税收和就业机会而盲目投资，推行地方保护主义，阻止要素流出和外地产品的流入等；另一方面，地方政府、市场与公众之间产生了利益错位，地方政府滋生了自身的利益诉求，它所代表的不再是完全意义上的"公众利益"，不可避免地产生了地方政府"与民争利""与市场争利"的寻租与腐败行为。

　　由于中国长期处于官僚体制之下，民主化和法治化进程的滞后，市民社会和非政府组织（NGO）的力量较为弱小，所以民众基本是被排除在地方政府、工商企业集团的增长联盟之外，更重要的是，地方政府与资本形成的这种增长联盟几乎不受外界监督，也不会受到被公众质疑和拆散的威胁。特别是随着近些年来大规模的城市开发和更新，这种地方性的"官商联盟"已经成为普遍性现象，并常常和公众产生严重的利益冲突，城市化进程中出现的农民自发抵制增长的活动已经逐渐形成了"反增长联盟"（罗小龙、沈建法，2006）。但是，这些"反增长联盟"缺乏正规渠道约束"增长联盟"的剥夺行为，从而难以达到欧美城市中抑制"增长联盟"的作用。

2. 温泉开发中"增长联盟"的形成与固化

中国温泉的开发进入 21 世纪之后投资规模日益增大，在激烈的市场竞争中，温泉开发者只有投入重金打造综合配套设施，才能在激烈的区域竞争中拥有立足之地。而这种资本密集型的温泉开发模式正是地方政府所希望见到的。对于地方政府而言，首先，基于投资的拉动效应已经可以促进本地 GDP 的上涨；其次，巨额投资打造的温泉度假区可以成为本地政府对外宣传的旅游名片，也能够提高本地政府政务接待的档次。在这样的背景下，地方政府往往变成温泉投资开发的积极参与者和推动者，想方设法帮助投资者建立信心，并通过各种"优惠政策"吸引企业的投资。

对于企业而言，巨额资金的投资是高风险的，他们本身也需要来自政府层面的保护和支持，才敢于投入开发，这一点在区位条件欠佳的温泉地尤其如此。也正是基于此，地方政府与企业之间合作关系的建立几乎成为温泉开发的必要步骤。只有建立在政府保驾护航、企业重金投入的基础上，一个资源价值尚未完全凸显的地方才有可能吸引到资本的进驻。在地方政府与企业建立的联盟中，政府可以运用各种权力工具为企业的赢利提供保障，而投资拉动的地方经济又为地方政府提供了可观的政绩。

在中国温泉开发过程中，"增长联盟"的形成相对较为容易，而"增长联盟"的解体却并不必然，因为"增长联盟"一旦形成，联盟内的双方或多方就会在互惠互利中不断固化彼此的联系，从最初的"合作"关系变为一种"结合"关系。这种"增长联盟"关系的转变一般通过以下两种方式完成：首先，联盟的联结并不是依靠企业与政府之间的直接合作，而往往是建立在代表企业和政府的人与人之间的关系上，长期的合作将通过加深彼此之间的利益纠葛，从而使政企之间的合作关系远超一事一物的影响，逐渐过渡成为一种联盟关系；其次，作为地方政府的合作方，企业在与地方政府合作的过程中，将获得某种程度的"官方"身份，并有可能通过某种形式得以确认，比如，龙门大观园开业后地方政府的重要节事活动基本"定点"在大观园召开，而其董事长在大观园开业3年后成为了地方上的政协委员，企业与政府过于密切的关系让其拥有了某种"官方权力"。也正是在"增长联盟"不断固化的情况下，使得最初以地方经济增长为目标的联盟逐渐拥有了增长以外的含义，导致随着温泉开发的进行，原来"增长联盟"中的企业已经不能再起到促进地方经济发展时，政府却不能及时分解联盟，反而为了"联盟"的利益而不惜牺牲地方的利益。

三、中国温泉水权制度评述

（一）国家主导的温泉资源水权市场化

温泉资源是一种特殊的自然资源，在中国，它既作为地下水资源受到水政部门管理，又作为矿产资源受到矿政部门管理。针对温泉资源管理中的政出多门的情况，中央政府于1998年发出《关于矿泉水地热水管理职责分工问题的通知》，其中规定："国家对水资源实行统一管理。开采已探明的矿泉水、地热水由水行政主管部门在统一考虑地表水与地下水的资源状况和生活用水、农业用水、工业用水的实际需要的基础上，先办理取水许可证，确定开采限量；开采矿泉水、地热水，用于商业经营的企事业单位（如矿泉水厂、温泉宾馆、地热电厂等），凭取水许可证向地质矿产行政主管部门登记，办理相应的采矿许可证，并按照水行政主管部门确定的开采限量开采；企事业单位开采矿泉水、地热水的采矿权使用费和矿产资源补偿费，由地质矿产行政主管部门按照《矿产资源开采登记管理办法》和《矿产资源补偿费征收管理规定》征收；依法转让矿泉水、地热水的采矿权的，由地质矿产行政主管部门按照《探矿权采矿权转让管理办法》的规定办理。"该通知的出台并没有解决温泉资源受到水政与矿政部门双重管理的问题，反而确认了双重管理的事实。

无论是《水法》还是《矿产资源法》都规定温泉资源属于"国家所有"，即全民所有。始于20世纪80年代的改革开放过程中，中国对温泉资源的管理体制开始从计划转向市场。1986年《矿产资源法》明确规定"开采矿产资源必须按照国家有关规定缴纳资源税和资源补偿费"，这一规定宣告无偿取得并使用温泉资源的计划体制开始瓦解。其后，围绕取水许可和矿业权（探矿权和采矿权的总称）建立起来的温泉资源水权制度取代了计划经济下分配温泉资源的"指令"制度。根据《取水许可和水资源费征收管理条例》规定，取水许可采取分级审批，除了某些跨地域的大型河流、湖泊等由中央派出的流域机构负责许可审批外，其他取水许可都由县级以上地方人民政府水行政主管部门按照省、自治区、直辖市人民政府规定的审批权限审批，例如广东省政府就规定日取水量1万立方米以下的取水许可由县级人民政府审批，由于温泉资源的日开采量很少有超过1万立方米，因此温泉资源的取水许可权一般由县一级政府审批。矿业权根据《矿产资源法》规定则由省一级矿政部门统一办理。

虽然取水许可与矿业权分别由县级政府和省政府出让，但其水权出让后的税费则由县级政府统一征收。根据相关法规规定，温泉资源税费主要涉及矿业权价款、矿产资源补偿费、水资源费三项费用，其中前两项是矿政收费内容，最后一项是水政收费内容。在图 6.5 中可以发现，温泉资源税费在中央、省、市、县四级政府中的分成中，县级政府所占比例最高，其次为中央政府，这是国家有意将财权下放到基层政府，以激励地方政府伸出"援助之手"（陈抗、Hillman、顾清扬，2002）帮助国家实现资源所有者的利益。

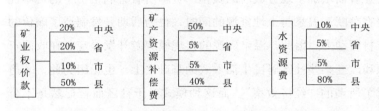

图 6.5　温泉资源税费在中央、省、市、县间的分成

　　根据取水许可与采矿权的审批规定，温泉水权购买者可以通过一次审批获得 5—20 年的温泉资源开采权。由于矿业权同时规定同一地块范围内只允许办理一张矿业权，这就使得温泉水权的市场化出让具有垄断性，是一种私有化程度很高但期限很短的市场制度。

（二）制度化收回与不公正

　　中国的温泉资源的产权界定没有考虑与之生活息息相关的社区利益，《矿产资源法》明确规定矿产资源不因其之上的土地的产权归属而发生所有权的改变，都为国家所有（但是社区为了获取温泉资源被收回的补偿，常常会以温泉资源之上的土地集体产权作为依据，与温泉水权的购买者私下签订"租用"土地的协议，这可以看做社区力量对国家制度的反抗）。在温泉资源国有的前提下，市场化的水权制度使得温泉水权分配成为国家代理者的地方政府与资本之间的交易，而生活与温泉息息相关的社区利益遭到无视。温泉资源国家利益实现的过程，就成为社区的天然权利被剥夺的过程。更加严重的是，温泉开发过程中出现了大规模的征地运动，这种围绕温泉资源所在地展开的征地运动导致附近社区失去温泉水权的同时，又失去了赖以生存的土地，大量农民成为失业者而增加了地方政府的负担。资本所有者利用手中的资本优势在垄断了温泉与土地资源的同时，也为后期开发制造了廉价的农村劳动力。因此，温泉资源的大规模旅游开发是建立在收回资源和改变某些社区居民生活方式的基础之上，也正因为此，才造就了所谓的"经济效率"，而这种模式对于社区而言显然是不公正的。

除此之外，由于温泉水权有垄断性质，在竞争的市场环境下只允许一个产权拥有者，在效率优先的考量下，政府往往倾向于和资本投入最大者达成出让协议，而资源被垄断后，水权拥有者在谋取自身利益最大化的过程中又会通过垄断定价、割断资源等手段排挤竞争对手，使得区域内的其他温泉企业受到垄断企业的剥削。

在温泉水权交易过程中出现的收回行为与社会不公都源自国家对于温泉资源的"产权界定"，在市场化的政策导向下，资本成为获取资源权利的唯一标准，再加上以 GDP 增长为目标的地方政府的推波助澜，资本垄断资源的行为在某种程度上成为目前中国温泉水权制度下的必然结果，再加上中国社会的"强政府，弱社会"的属性，当政府与资本结成"增长联盟"之后，经济发展的数据将掩盖一切不合理，而以资源垄断为起点的开发造成的收回行为与社会不公也俨然成为一种制度化的后果。

（三）政府对温泉资源"权治"的多面性

目前中国温泉水权制度的安排，在市场化改革的进程中极具剥夺性，但本研究并不认为中国的温泉资源改革走的是西方的新自由主义道路。主要的原因有两点：第一，温泉资源虽然通过市场化的方式完成了私有化，但是国家向资本出让的一般为 10 年左右时间的水权，国家作为资源的所有者，其保留了因为地方利益收回温泉水权的权利；第二，因为分权化造成的地方政府的自主性的增强，导致资本垄断温泉水权的过程中必须处理好与政府的关系，在法治和民主尚不健全的中国社会，"权治"逻辑使得资本并不是万能的。

本质上，温泉资源的垄断者是国家及其地方代理者——地方政府，只是国家及地方政府在发展经济的过程中需要借助资本的力量以实现其增长目标，才开始用市场化的方式将温泉水权出让给资本方，以换取其对地方的投资。因此，与其说温泉资源透过市场完成了资本化，倒不如说温泉资源透过权力"被资本化"了。正是因为来自政府的威权具有较强的干预温泉水权的能力，导致现实中国社会中温泉水权的市场化过程总是带有官方色彩。当权力较大的国有部门控制温泉水权时，资本的力量即使带着明显的效率优势而来，也不见得能够顺利地对国家权力掌控下的资源实现资本化（如从化温泉风景区）；当发展经济成为最大的目标时，地方政府帮助大资本以非正规的手段排挤小资本，从而轻易地完成温泉水权的流转（如龙门温泉），可见资本之间对温泉水权的争夺也不是建立在法规基础之上的公平市场竞争；当温泉资源变得炙手可热，地方政府为了地方财政最大化，又可以通过"变通"国家法规，将由资本垄断的温泉水权收归政府，由政府掌管温泉水权的经营（如流溪温泉旅游度假区）。总之，中国温泉资源管理中因为法律的权威性不足和政府能力的过于强大，使得表面市场化的温泉水权制度背后，真正操控温泉水权走向的往往是政府的权力。由于政府权力缺乏足够的制衡，在政府执政理念不断变动之下，市场化的温泉水权制度经常以不同的面相出现在现实社会之中。

四、小结

中国温泉产权制度按时间顺序大致经历了社区主导、权力主导、民营资本主导、地方行政主导的过程，但是不同地区的制度变迁过程及目前所处的阶段都各不相同，总体而言，中国温泉产权制度变迁的过程中表现出以下几点共性：首先，国家作为温泉资源的所有者，其权力施行的主体从中央逐渐下放到地方；其次，温泉资源价值上升的过程中，其管理者对其垄断性的要求日益提升；再次，国家从"条文"与技术两方面加强了对温泉水权的管理，定量化的资源配额方式逐渐代替了投入配额的分配机制。

新中国成立之后的数次分权化的改革使得中国的地方政府的自主性不断增强，地方具备了修建为自己服务的温泉疗养院的能力，加之东方专制主义传统影响下的温泉资源归国家所有的观念影响，使得各地方政府在20世纪60年代到80年代以国家的名义收回了原本处于社区控制下的温泉资源，形成了"权力垄断"的水权结构；20世纪80年代之后，市场化改革过程中，一方面国家权力部门大规模退出温泉疗养院的经营领域，为非国有资本留下空间，另一方面分权化导致的中国特色的"联邦经济"中地方政府为招商引资展开了激烈的竞争，致使这一阶段非国有资本大规模取得中国的温泉水权；随着区位条件的不断改善，中国一些温泉地的水权市场逐渐从买方市场转变为卖方市场，地方政府为了谋求资源经济利益的最大化，通过"变通"的方式收回了资本掌握的温泉水权，建立了地方政府行政垄断下的水权市场。

但是，现实中国的温泉水权制度的变迁并不都是按照以上的静态分析过程进行。中国温泉水权制度所处的权治逻辑，以及资源开发过程中地方政府与资本形成的"增长联盟"的固化都是阻碍温泉水权制度正常变迁的潜在交易成本。

第七章　中西方水权制度差异的启示

一、西方社会的温泉水权制度概述

温泉地开发的过程及其中的产权制度安排及演变也受到了西方学者的广泛关注。这些研究都是在一国的范畴之内，对影响温泉旅游地发展的制度、经营模式等展开的分析。这些分析对于国内学者的研究具有较大的启发意义。

比如，意大利全国约 900 多处温泉地中，所有地下热水的所有权是归地区政府掌控的，在 20 世纪 70 年代批准的 558 个矿泉水的使用许可证中，257 个是温泉水。这其中的 180 个较大型温泉旅游地都是服务公益性质的，所有小型温泉地都是由私人经营的，也有少数的大型温泉地为私人经营。另外，意大利主要的大型温泉是专门用于医疗洗浴研究的（Carella & Sommaruga，2000）。

斯洛文尼亚的温泉研究表明，温泉旅游者占到斯洛文尼亚全国旅游者的 1/3，但是其就业人数只占到全国总就业人口的 8.6%，这说明温泉产业对国家的社会经济效益有限（Snoj & Mumel，2002）。

美国温泉地开发的历史经历了三个阶段：（1）作为印第安人聚居地；（2）早期欧洲移民欧洲式的开发；（3）作为放松与休闲的场所。早期印第安人对于温泉具有崇拜心理，当欧洲移民进入美洲大陆时，他们不愿意暴露温泉的地点，并与欧洲的移民因为争夺温泉权利发生了战争。18、19 世纪的欧洲移民逐渐意识到温泉的商业价值之后，开发了许多 SPA，其中不乏成功者，如纽约的萨拉托加矿泉城（Saratoga Spring）、西弗吉尼亚的白硫磺泉镇（White Sulphur Springs）、弗吉尼亚的温泉镇（Hot Spring）、佐治亚的温泉镇（Warm Springs）、阿肯色的温泉镇（Hot Spring）。但是此时的美国还没有成立国家政府，不存在商贸组织、社会保障和国家健康保障等部门支持这些 SPA 的发展（Monteson，1999）。虽然 SPA 理疗项目在欧洲和世界其他国家已经被证明是成功的模式，但美国由于缺乏有效的政府机构和组织而难以成功，即使这些 SPA 有时是由国家和联邦政府所有也一样。美国曾经试图模仿欧洲的做法，在政府掌握经营权的情况下将温泉租赁给私人企业开发，但是私人企业往往不顾资源的承载量而过量开发并用于桶装水销售，直接导致美国众多的温泉资源枯竭，于是美国政府强制收回经营权，成立温泉保护区，由地方政府投资和经营温泉的所有业务。温泉地的投资完全依靠公共预算进行，所建设施也向社会各阶层开放，有的设施的使用甚至是零费用的（John，1993）。到 20 世纪 40 年代，由于战争导致的经费减少，美国的温泉旅游设施逐渐没落，甚至被关闭。在最近 20 年，温泉洗浴才作为一种亲近自然的健康休闲活动得以重新兴起，与欧洲的温泉不同的是，美国人洗浴温泉的目的大多是休闲、运动、放松和减肥（Brown，2002）。

德博拉·怀特曼（Deborah Wightman）与乔佛里·沃尔（Geoffrey Wall）在对加拿大镭温泉（Radium Hot Spring）的开发

历史进行回顾的基础上发现，当温泉为私人经营时，由于可投入资金的限制，无法进行大规模开发，即使资源禀赋极佳，也可能因为交通可进入性条件无法改善而难以有所作为。同样的资源如果换作国家经营，则因为国家投资基础设施的能力远超过私人，在改善了进入条件后，温泉地实现了大发展（Wightman & Wall，1985）。

无独有偶，威廉·培根（William Bacon）在对英国和德国的温泉发展对比研究中指出，英国温泉的衰落不能简单归结为温泉地经营失败、海滨度假地的兴起和对温泉医疗的忽视（Bacon，1997），因为德国等其他欧洲国家的温泉产业正好是在英国温泉产业衰落的同时兴起的（Cantor，1990）。因此，英国温泉产业衰败的原因应该来源于其与德国截然不同的经济体制（表 7.1）。在英

表 7.1　英国、德国不同经济体制对 SPA 产业的影响

	英　国	德　国
经济制度	自由竞争资本主义	国家主导资本主义
意识形态	个人自由	集权
国家角色	保护私有财产	促进国家福利
地方政府权力	小	广泛深入
投资主体	私人	国家与私人
环境保护	差	好
健康管理	差	好
医药管理	少	全局控制
人力培训	私人投入，少	国家投入，高
公共管理权	低	高

资料来源：根据 Bacon，1997 归纳。

国，私人经济是市场的主体，温泉产业的发展也是如此，私人经营的温泉地在激烈的市场竞争中过于关注短期收益，而难以对人力培训、地区形象和相互间的协调做出有效安排，这就导致无序竞争之下，英国温泉产业品质的下降。而德国由国家主导温泉产业的发展，注重对人力资源的培训，增加了基础设施的投资，并以国家的力量协调各温泉地之间的关系，使得德国的温泉产业获得了长足的进步。

二、中国温泉水权制度中的国家与市场

近年来，对新自由主义思潮影响下的全球范围内的自然资源管治模式的研究成为西方地理学界关注的热点问题（Higgins et al.，2008；Mansfield，2004；McCarthy，2006；Young & Matthews，2007）。温泉作为一种自然资源也深受影响。新自由主义政策在各地资源管制中受到推崇的原因，是基于西方社会对于国家官僚机构在对待"公共物品"的代理过程中更多地从国家利益出发而忽视了社区利益的不满（Whatmore，2002）。但是，随着改革方案在各地的推进，越来越多的学者意识到自然资源物品与社会经济生活中其他公共物品的新自由主义化过程有着明显差异（Bakker，2004；Bridge，2004；Heynen & Robbins，2005；Liverman，2004；McCarthy，2004；McCarthy，2005；McCarthy & Prudham，2004）。首先，自然资源作为公共物品，其商品化过程的合法性受到深切质疑，这样的尝试在削弱国家力量的同时，到底是增加了社会在自然资源管治中的力量，还是助长各种资本力量在管治格局中的控制力？其次，透过价格机制能否恰当地为

自然资源产品和服务定价？有的学者更是指出，在新自由主义的理念下对公共自然资源私有化的进程催生了"掠夺性"的现代原始积累形式，在这种更加依赖于市场机制的制度设计中，资源环境将面临更加恶化的危险（Harvey，2003；Heynen & Robbins，2005；McCarthy & Prudham，2004）。

应该说，世界主要西方国家的新自由主义改革构成了中国温泉水权改革的时代背景。中国在同一时期推进的自然资源的市场化改革虽然也放开了市场准入，土地、水、矿产资源等纷纷流入市场，但是，仅就中国的温泉水权改革的研究表明，其本质与西方社会的新自由主义改革截然不同。

首先，我们的改革方向是要通过市场化的手段实现国有资源的国家利益。中国矿产资源的管理体制改革始于 20 世纪 80 年代中期。1986 年《中华人民共和国矿产资源法》颁布，在明确规定矿产资源属于国家所有的同时，提出"国家对矿产资源实行有偿开采"的改革方向，这标志着矿产资源由国家计划统筹开发转向了资本化管理（朱学义、张亚杰，2008）。1996 年《中华人民共和国矿产资源法》修订中提出国家实行探矿权、采矿权有偿取得的温泉产权制度，使得温泉资源的管理具体落实到矿业权的管理中。2006 年国务院发布的《关于加强地质工作的决定》规定，"对地质勘查基金出资查明的矿产资源，除国家另有规定外，一律采用市场方式出让矿业权"。从先后出台的矿产资源管理法规中可以清晰地梳理出国家从存量到增量的强制性产权改革过程，其目的就是要通过资本化的方式实现矿产资源的国家权益。

伴随着中国矿产资源管理体制的变迁，从疗养院到温泉宾馆再到大型户外温泉，温泉资源的开发形式也随之发生了较大变化。但是，在越来越多样化的温泉资源开发形式背后存在的破坏性开发问题，及其可能诱致的地质灾害以及社区公平问题则显然没有得到足够的重视（保继刚、孙九霞，2006；蔡义汉，2004）。因为全国各地温泉资源的破坏性开采问题的出现与国家矿产资源产权改革在时间上的同步，不禁使人产生这样的疑问：温泉资源的强制性制度变迁是否成为了导致各地温泉资源破坏性开采的原因之一，或者说，温泉资源的产权改革对温泉地到底产生了什么样的影响？这个问题的提出并不是偶然的，科尔奈在研究社会主义经济的"短缺"现象时，最早提出了产权问题（Kornai，1990），产权问题正是在社会主义国家经济转型的这个大背景下才真正成为研究的中心课题之一（周雪光，2005）。虽然经济学家告诉我们，产权明晰化有助于效率经济，但是产权在实际生活中许多方面的运行都与经济学的"权利产权"理论模式相去甚远，实际生活中的产权常常是模糊的、象征性的，而且可能在讨价还价的过程中不断地被重新界定。

本研究所要讨论的温泉资源属于矿产资源的一种，《矿产资源法》明确定义其为国家所有，中国的温泉资源管理体制改革的目标是建立以矿业权为核心的温泉资源市场机制。通过矿业权的出让，国家试图一方面实现资源所有者的权益，另一方面通过明晰产权保证了温泉资源使用的效率。因此，中国的温泉资源管理体制改革具有很强的政府主导色彩。中国温泉资源产权市场化改革的特征主要表现在三个方面（见下页图7.2）：第一，中国温泉资源的私有化是以行政许可出让矿业权的办法实现的，矿业权具有较强的排他性，但是这种"私有化"的产权使用期限较短，一般只有5—20年；第二，矿业权通过"招拍挂"的方式由政府出让给企业，但是在出让过程中，地方政府与企业间的先期谈判往往会左右市场出让的结果；第三，虽然中央政府基本退出温泉资源的管理，但是地方政府，尤其是县级政府为保障温泉资源开发能最大程度地带动本地经济的发展，积极地介入温泉水权的交易过程之中，具有较强的干预温泉资源交易的能力。

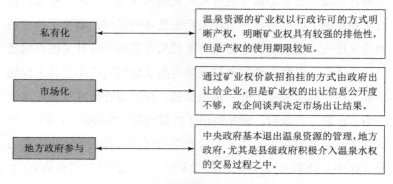

图7.2 中国温泉水权市场化改革特征

由此可见，中国的地方政府在温泉水权的制度变迁中的角色十分有特色，其作用完全超出了西方定义的"政府"角色。中国温泉资源管理体制的变革过程普遍性地受到地方政府的强烈干预，在追求地方经济发展与地方竞争的环境之下，在地方政府权威保护下的资本主义，虽然没有获得彻底的私有化的产权，也没有建立起严格的市场机制，却依靠"权力逻辑"获得了更加自由的剥夺性权利。

跳出新自由主义的理论来看，中国的国有旅游资源虽然在近年来的各种产权改革过程之中受到体制冲击，但是远没有按照既定轨道完全过渡到产权清晰的管理体制之中。例如温泉资源，国家主导的矿产资源产权改革的本意是要通过资源资本化的方式透过市场机制这只无形之手实现资源的优化配置。但是在计划经济时代形成的依靠权力瓜分温泉资源的利益格局没有也难以立即打破，其结果是，一方面历史上形成的温泉资源开采单位依靠其半官方的身份通过权力关系继续把持温泉资源的开采权，使温泉资源的矿业权市场难以开放；另一方面，这些半官方企业又以价格方式将无偿获取的温泉资源转售给市场中的温泉旅游企业。这些半官方企业成为阻断国家资源流入市场的中间官僚力量，这些企业往往占据了温泉地的最佳地理位置，虽然自身的温泉产品已经难以创造效益，但凭借其掌控的温泉资源向上攫取国家利益，向下挤压其他温泉旅游企业，依靠资源换取的资本维持营生。更严重的是，当温泉的开采权被多家半官方企业所分割，各家企业在追求个人利益最大化的过程中，又将当地的温泉资源变成了国家名义之下的公地，资源的过度开采往往难以避免。地方政府在这种温泉资源管控格局中丧失了指导地方发展的主动权，并成为舆论与上级责难的对象，但当其要明晰产权归宿、实施统一管理时又因受制于自上而下的行政体制而举步维艰。

就此来看，中国国家所有的旅游资源的改革过程与西方所谓新自由主义化的潮流并不一样，虽然改革确有建立自律市场管治地方旅游资源的意图，但是国家依然是制定规则的主体，各种半官方组织依然是资源管控格局中的主角，社会的力量鲜有所见。这一切都与新自由主义所倡导的国家退出，让社会按照自律市场管制资源的理念不同。世界上任何一个国家、任何一个领域的制度变革都不是发生在制度真空之中，而是与各种现存的国家、地方法规制度相伴生，中国正处于一个社会经济领域同时面临深层次改革的复杂历史时期，将中国旅游资源开发过程中所出现的问题简单归结于国家或是制度本身，是有失偏颇的，要对整个中国旅游资源改革中面临的问题做出全面解读也绝非可以一言蔽之的，这需要更多后续实证研究的跟进。但是可以肯定的一点是，中国国有旅游资源改革问题表现出与西方社会截然不同的进程与结果，而这也成为本研究后续与西方理论寻求对话的契机所在。

三、中国温泉水权制度建设的建议

（一）统一将与温泉水管理权下放至县（市）一级政府

目前与温泉水取用相关的行政许可主要涉及取水许可证和矿业权证，两证齐全的用户可以合法开采温泉资源。但是取水许可与矿业权许可的管理权在很多地方并没有同时下放到县（市）一级政府，例如广东省的《取水许可和水资源费征收管理条例》规定日开采量在 10000 立方米以下的取水许可由县级政府办理，但是《中华人民共和国矿产资源法》规定矿业权证（探矿证和采矿证）又只能在广东省国土资源厅办理。这就造成与温泉水权相关的管理权分别由省级政府和县级政府把持，其结果就是温泉水权管理的混乱局面，省级政府虽然持有矿业权的出让权，但温泉水开采的监督职能还是由县级政府完成，县级政府在管理温泉水权时没有矿业权的审批权，导致管理过程中必须与省级政府进行协调，降低了行政效率。

本研究建议对国家的《中华人民共和国矿产资源法》进行修订，将温泉资源这类小型矿产资源的矿业权审批出让权委托至县（市）级政府管理，同时根据《取水许可和水资源费征收管理条例》中关于每天 10000 立方米以下的取水许由县级政府的规定，县（市）级政府可以成为温泉水权管理的基层组织。省级及中央政府保留对大型的涉及国计民生的温泉水权的介入权。

（二）出台《温泉法》

温泉资源不同于一般的地下水资源或矿产资源，其具有提供康复养生、发展旅游事业等关系社会公共福利的特殊功能。因此，建议由国家层面出台《温泉法》，规范温泉开发行为。第一，明确温泉资源归国家所有，国务院为全国温泉资源的主管机关，地方上由县级以上政府作为温泉资源的主管机关；第二，严格保护温泉资源的可持续利用，凡是开采温泉资源的行为都必须申请由县级以上政府审批授权的温泉开采证，温泉开采行为不能影响原有温泉水的涌出量、水质、水温，对已经造成温泉水损害的开采行为一律不允许颁发温泉开采证，并勒令相关单位停滞损害温泉资源的行为，其他非温泉开采行为造成的温泉资源的损害，也需由县级政府协调后禁止；第三，建立温泉水资源的定期检查制度，温泉资源开采用户必须登记所开采温泉的涌出量、水温和水质等关键数据，由主管机关授牌经营温泉事业，并接受主管机关的定期检验，以此杜绝温泉经营中"假温泉"的现象；第四，温泉资源用户除依照《取水管理条例》和《中华人民共和国矿产资源法》缴纳水费和矿业费之外，还需缴纳温泉资源取用费，温泉资源取用费除支付管理费用外，专供温泉资源的保护、管理及于温泉地公共设施建设相关的支出，不允许挪作他用。

（三）兼顾社区的利益共享

温泉开发应该尊重温泉地社区居民的共享利益。社区居民既得的温泉使用的权利可能会在温泉开发的过程中被破坏，应该建立一定的补偿机制使得社区居民能够共享温泉开发的利益。首先，温泉开采行为应原则上不能造成原有社区享用温泉资源的权利，如果后期温泉开采过程在不影响温泉水涌出量、水质和水温的情况下造成了温泉水涌出地点的变化，开采者应协商赔偿社区损失的利益；其次，主管机关收取的温泉取用费应该划拨出一定比例作为社区发展的建设基金，帮助社区在温泉开发的过程中提高生活质量。

四、本研究的局限性

　　本研究在构建理论的初期，选择了新制度经济学派的产权理论作为描述中国温泉水权制度的理论工具。在产权理论研究视野下，温泉水权制度之间可以进行效率的比较，"交易费用"在解释制度变迁中的作用也十分显著。虽然，随着研究的深入，笔者逐渐发现中国温泉水权的问题并不单单是一个经济学的问题，更多是一个政治学的课题。比如，国家对温泉资源采取的市场化的改革方针就是朝着产权明晰的方向进行的，虽然研究表明产权改革固然减少了因为权力政出多门导致的温泉资源公地悲剧，但是在私企垄断下的温泉资源开发在迅速实现资源开发效益的同时也带来了严重的社会不公平现象：社区的利益屡屡在政企的交易中被漠视，资本的力量胜过规则本身。当笔者试图回答什么样的温泉水权制度才是好的制度时，发现在产权明晰视角下的效率逻辑失效了。随之，笔者在解释温泉水权制度生成的社会过程中更多地借助了马克思主义地理学的视角。马克思主义的观点在审视温泉水权交易中的社会问题时更加犀利，能够深刻地揭示中国温泉水权制度改革中的"权力逻辑"和剥夺性的特点。因此，本研究在描述结构和分析结构时采取了两种截然不同的理论视角。问题是，马克思主义的尖锐的矛恰恰戳在了产权理论构建起的牢固的盾之上，本研究并不想就两套理论的优劣进行比较，只想物尽其用，但也必须承认由此会对整篇文章的观点统一性带来挑战。

　　本研究对于温泉水权制度的研究只是温泉产业研究的冰山一角，随着中国民众对于生活质量和养生的追求，温泉产业面临着较大的发展机遇。目前，广东省的温泉开发较为成熟，走在全国的前列，其开发过程中的产权问题是困扰广东省内温泉地区发展的一个主要的矛盾。本研究对温泉水权制度的研究对于其他后起发展的温泉地区具有借鉴意义。但是，不同地区的制度环境和历史文化背景的差异也会对温泉水权的形成产生影响，因此，后续研究将会选择不同区域的温泉地进行对比研究。除此之外，温泉行业的健康发展还需要有关温泉市场、温泉法规、温泉规划设计等诸多方面的综合研究，本研究的完成只是敲开了温泉行业研究的一扇门。

　　中国在市场化改革的道路上已经走了近四十年，国家以森林、水域、温泉等自然资源为基础的自然型旅游地普遍经历了一轮市场化浪潮的洗礼。但是，随着十八大的召开，国家对于生态文明的关注达到前所未有的高度。我们应如何看待过去自然类旅游资源的开发模式及其后果，更重要的是，未来我们要如何管理我们国家的自然资源，使其更好地服务于民众的身心需求？本研究对温泉资源的研究只能算是管中窥豹，更多更重要的自然旅游资源还有待进行分门别类的细致研究。

参考文献

保继刚、孙九霞:《社区参与旅游发展的中西差异》,载《地理学报》2006年
　　第4期,第401—413页。

蔡义汉:《地热直接利用》,天津:天津大学出版社2004年版。

曹亮、戴明慧:《龙门温泉旅游的"拓荒牛"——庄碧标》,载《龙门旅游》
　　2009年第2期。

曹亮:《面对困难,信心最重要——访南昆山温泉大观园杨松芳董事长
　　(二)》,载《龙门旅游》2009年第2期。

陈抗、Hillman A. L.、顾清扬:《财政集权与地方政府行为变化——从援助之
　　手到攫取之手》,载《经济学》2002年第1期。

陈墨香:《中国地热资源——形成特点和潜力评估》,北京:科学出版社1994
　　年版。

陈墨香:《中国地热资源研究的进展》,载《地球科学进展》1992年第3期,
　　第9—14页。

从化市地方志编纂委员会:《从化年鉴(2008年)》,广州:广东人民出版社
　　2008年版。

从化市地热资源开发与利用调研组:《从化市地热资源开发与利用调研报告》,
　　2009年7月22日。

从化市流溪温泉物业管理有限公司:《广东省从化市流溪温泉旅游度假区热矿
　　水资源地址详查报告》,2003年4月5日。

从化市人民政府:《关于从化市温泉商业服务公司转制总体方案批复》(从府
　　办批〔2000〕344号),2000年11月1日。

从化市人民政府:《关于对我校热水开发的历史遗留问题的请示批复》(从府
　　办批〔1997〕199号),1997年9月3日。

从化市人民政府:《关于解决温泉镇温泉村返还地问题的通知》(从府办批
　　〔1995〕397号),1995年5月17日。

从化市人民政府:《关于两口新温泉地下热水实行统一开发管理的通知》(从
　　府〔1994〕48号),1994年9月2日。

从化市人民政府:《关于请求加快推进从化市流溪温泉旅游度假区开发建设的

函》(从府函〔2004〕75 号)，2004 年 6 月 17 日。

从化市人民政府：《关于温泉中立酒店产权转让的意见批复》(从府办批〔2005〕1 号)，2005 年 1 月 5 日。

从化市人民政府办公室：《从化市流溪温泉度假区土地开发会议纪要》(从府会记〔2004〕66 号)，2004 年 10 月 18 日。

从化市人民政府办公室：《关于温泉风景区管理的情况报告》(从府办函〔1997〕135 号)，1997 年 7 月 3 日。

从化市人民政府调研科：《关于流溪温泉旅游度假区行政管理和热水资源管理问题的调查报告》，2002 年 7 月 22 日。

从化温泉地热开发整治领导小组：《从化温泉整治实施方案》，1996 年 8 月。

从化县地方志编纂委员会：《从化县志》，广州：广东科技出版社 1989 年版。

从化县人民政府：《关于撤回抽到温泉管理区筹备人员回原单位工作的请示报告》(从府批〔1980〕113 号)，1980 年 9 月 27 日。

从化县人民政府：《关于对温泉地下热水实施管理和征收资源费的意见批复》(从府办批〔1988〕16 号)，1988 年 4 月 27 日。

从化县人民政府：《关于建立温泉镇问题的请示》(从府函〔1986〕4 号)，1986 年 1 月 18 日。

从化县人民政府 a：《关于林若同志来信有关问题办理情况的报告》(从府函〔1993〕34 号)，1993 年 4 月 2 日。

从化县人民政府 b：《关于申办从化县温泉省级旅游度假区的请示》(从府函〔1993〕145 号)，1993 年 11 月 11 日。

从化县人民政府 c：《关于开发从化第二温泉城情况汇报批复》(从府批〔1993〕478 号)，1993 年 7 月 23 日。

从化县人民政府 d：《关于征用引桥用地的申请报告批复》(从府办批〔1993〕86 号)，1993 年 7 月 23 日。

从化县温泉镇人民政府：《从化温泉风景区志》，广州：广东人民出版社 1990 年版。

[美] 道格拉斯·诺斯、罗伯特·托马斯：《西方世界的兴起》，厉以平、蔡磊译，北京：华夏出版社 1999 年版。

地质矿产部广东省中心实验室：《南昆山温泉大观园地质详查报告》，2003 年 7 月。

广东省城乡规划设计院：《广州从化温泉地区控制性详细规划》，2005 年 12 月。

广东省地质矿产局环境地质总站：《为建立广州市从化温泉地下热矿水地质自然保护区的科学考察报告》，1990 年 3 月。

广东省人民政府："广东省'十一五'国有企业改革规划"，广东省政府网站：http://www.gd.gov.cn/govpub/jhgh/hygh/200710/t20071011_30220.htm，2007 年 10 月 11 日。

广东省人民政府：《关于从化温泉风景区统一管理问题的通知》(粤府〔1982〕

20 号），1982 年 1 月 23 日。

广东省人民政府办公厅：《关于从化温泉地下热水资源管理问题的复函》（粤府办〔1989〕180 号），1989 年。

广东省人民政府办公厅：《关于立即制止擅自打井的函》，1993 年 8 月 28 日。

广东省人民政府办公厅：《关于温泉风景区由县管理有关问题的复函》（粤办函〔1987〕331 号），1987 年 8 月 17 日。

广东省政府网站："广东省政府召开全省深化国有企业改革工作会议"，中央政府官网：http://www.gov.cn/gzdt/2005-09/02/content_28774.htm，2005 年 9 月 2 日。

广州市人民政府城市规划局：《关于提供新温泉地区温泉水资源保有储量意见的函》，2005 年 9 月 7 日。

黄向、保继刚、Smith, S.：《我国自然旅游资源私有化后果动态管理研究》，载《软科学》2008 年第 4 期，第 88—92 页。

黄向、徐文雄：《我国温泉开发模式的过去、现在与未来》，载《规划师》2005 年第 4 期。

[美] 卡尔·魏特夫：《东方专制主义——对于极权力量的比较研究》，徐式谷等译，北京：中国社会科学出版社 1989 年版。

蓝兰：《全国高速公路"十二五"回顾及"十三五"展望》，载《交通建设与管理》，2016 年第 1 期。

李朝荣、陈建清："富力携 25 亿龙门建温泉综合项目"，惠州新闻网：http://www.hznews.com/xw/hzxw/200708/t20070823_78350.html，2007 年 8 月 23 日。

李华生："回家"，新浪博客：http://blog.sina.com.cn/s/blog.5c46963e0100sorq.html，2011 年 7 月 1 日。

刘俊祥：《民生国家论——中国民生建设的广义政治分析》，载《武汉大学学报（哲学社会科学版）》2013 年第 4 期，第 7—16 页。

流溪温泉旅游度假区管委会：《关于建设流溪温泉管委会投资服务中心立项申请批复》，2004 年 2 月 26 日。

流溪温泉旅游度假区管委会：《关于流溪温泉旅游度假区管委会温泉水资源利用情况的报告》，2008 年 8 月 22 日。

龙门县人民政府：《关于开发永汉油田温泉兴建度假村有关问题的批复》（龙府函〔1996〕24 号），1996 年 11 月 20 日。

龙门县人民政府：《关于同意将原田美镇建设用地指标调整给南昆山温泉大观园使用的批复》（龙府函〔2004〕165 号），2004 年 10 月 22 日。

龙门县人民政府：《南昆山温泉大观园现场办公会议》（龙府工纪〔2005〕17 号），2005 年 5 月 22 日。

龙门县人民政府办公室 a：《关于永汉镇马星管理区划为温泉旅游开发区的批复》（龙府办函〔1992〕13 号），1992 年 12 月 19 日。

龙门县人民政府办公室 b：《关于征求马星管理区划为旅游开发区并给予更优

惠政策的批复》（龙府办函〔1992〕128 号），1992 年 12 月 28 日。

罗小龙、沈建法：《中国城市化进程中的增长联盟和发增长联盟——以江阴经济开发区靖江园区为例》，载《城市规划》2006 年第 3 期，第 48—52 页。

南昆山温泉大观园：《关于修改供应温泉水费收取通知事宜》，2009 年 9 月 15 日。

聂辉华、李金波：《政企合谋与经济发展》，载《经济学》2006 年第 1 期，第 75—90 页。

邵东珂：《砀山县水果产业发展的政治经济学分析——基于地方发展型政府的视角》，载《安徽农学通报》2008 年第 13 期，第 13—15 页。

孙立平、郭于华：《"软硬兼施"：正式权力非正式运作的过程分析——华北 B 镇收粮的个案研究》，载《清华社会学评论》2000 年特辑。

王华、彭华：《温泉旅游开发的主要影响因素综合分析》，载《旅游学刊》2004 年第 5 期，第 51—55 页。

王亚华：《水权解释》，上海：上海三联书店出版社 2004 年版。

王艳平：《中国温泉旅游——来自地理学的发现及人文主义的挑战》，大连：大连出版社 2004 年版。

吴敬琏：《当代中国经济改革》，上海：上海远东出版社 2003 年版。

吴庆华：《"经济增长联盟"的成因、影响及拆分路径探讨》，载《理论导论》2009 年第 10 期，第 18—19 页。

谢晖：《关于"权治社会"》，载《法治讲演录》，南宁：广西师范大学出版社 2006 年版。

许庆明：《试析环境问题上的政府失灵》，载《管理世界》2001 年第 5 期，第 195—197 页。

永汉镇人民政府：《关于要求解决南昆山温泉大观园建设用地指标的请示》（永府〔2004〕63 号），2004 年 10 月 21 日。

张朝枝：《旅游与遗产保护——政府治理视角的理论与实》，北京：中国旅游出版社 2006 年版。

张京祥、罗震东、何建颐：《体制转型与中国城市空间重构》，南京：东南大学出版社 2007 年版。

张庭伟：《1990 年代中国城市空间结构的变化及其动力机制》，载《城市规划》2001 年第 7 期，第 7—14 页。

章鸿钊：《中国温泉辑要》，北京：地质出版社 1956 年版。

中共广州市委办公厅：《林树森同志在从化市调研时的讲话》，载《广州通报》2004 年 3 月 20 日。

中华英豪学校：《关于从化新温泉开发的情况反映》，1995 年 11 月 28 日。

中华英豪学校：《关于对我校热水开发的历史遗留问题的请示》，1997 年 6 月 27 日。

周黎安：《中国地方官员的晋升锦标赛模式研究》，载《经济研究》2007 年第 7 期，第 36—50 页。

周雪光：《"关系产权"：产权制度的一个社会学解释》，载《社会学研究》
2005 年第 2 期，第 1—31 页。

朱学义、张亚杰：《论中国矿产资源的资本化改革》，载《资源科学》2008 年
第 1 期，第 134—139 页。

卓泽渊：《法治国家论》，北京：法律出版社 2008 年版。

Bacon, W..1997. "The Rise of the German and the Demise of the English Spa
Industry: a Critical Analysis of Business Success and Failure". *Leisure Studies*, Vol.16, No.3, pp.173—187.

Bakker, K..2004. *An Uncooperative Commodity: Privatizing Water in England and Wales*. Oxford: Oxford University Press.

Bridge, G..2004. "Mapping the Bonanza: Geographies of Mining Investment in an Era of Neoliberal Reform". *The Professional Geographer*, Vol.56, pp.406—421.

Brown, D..2002. "The Making of American Resorts: Saratoga Spring, Ballston Spa, and Lake George". *The Journal of American history*, Vol.9, p.658.

Cantor, D..1990. "The Contradictions of Specialization: Rheumatism and the Decline of the Spa in Inter-war Britain". *Med Hist Suppl*, Vol.10, pp.127—144.

Carella, R., Sommaruga, C.. 2000. Spa and Industrial Uses of Geothermal Energy in Italy, CD-ROM publication of the Proceedings of the World Geothermal Congress.

Challen, R..2000. *Institutions, Transaction Cost and Environmental Policy: Institutional Reform for Water Resources*. Cheltenham:Edward Elgar Publishing.

Evans, P..1995. *Embedded Autonomy: States and Industrial Transformation*. Princeton: Princeton University Press.

Hardin, G..1968. "The Tragedy of the Commons". *Science*, Vol.162, pp.1243—1248.

Harvey, D..2003. *The New Imperialism*. Oxford, Oxford University Press.

Heynen, N., Robbins, P..2005. "The Neoliberalization of Nature: Governance, Privatization, Enclosure and Valuation". *Capitalism, Nature, Socialism*, Vol.16, No.1, pp.1—4.

Higgins, V., Dibden, J. and Cocklin, C..2008. "Neoliberalism and Natural Resource Management: Agri-environmental Standards and the Governing of Farming Practices". *Geoforum*, Vol. 39, pp.1776—1785.

Johnson, C..1982. *MITI and the Japanese Miracles: The Growth of Industrial Policy*. Palo Alto, CA: Stanford University Press.

John, W. L..1993. "Spas and Balneology in the United States". *GHC Bulletin*, Vol.3, pp.1—3.

Kornai, J..1990. *The Road to a Free Economy: Shifting from a Socialist System: The*

参考文献

Example of Hungary. New York: Norton.

Liverman, D..2004. "Who Governs, at What Scale and at What Price? Geography, Environmental Governance, and the Commodification of Nature". *Annals of the Association of American Geographers*, Vol. 94, pp.734—738.

Mansfield, B..2004. "Rules of Privatization: Contradictions in Neoliberal Regulation of North Pacific Fisheries". *Annals of the Association of American Geographers*, Vol.94, No.3, pp. 565—584.

McCarthy, J..2004. "Privatizing Conditions of Production: Trade Agreements and Environmental Governance". *Geoforum*, Vol.35, No.1, pp. 327—341.

McCarthy, J..2005. "Devolution in the Woods: Community Forestry as Hybrid Neoliberalism". *Environment and Planning A*, Vol.37, No.6, pp. 995—1014.

McCarthy, J..2006. "Neoliberalism and the Politics of Alternatives: Community Forestry in British Columbia and the United States". *Annals of the Association of American Geographers*, Vol. 96, No.1, pp. 84—104.

McCarthy, J., Prudham, S..2004. "Neoliberal Nature and the Nature of Neoliberalism". *Geoforum* , Vol.35, No.3, pp. 275—283.

Molotch, H..1976. "He City as a Growth Machine: toward a Political Economy of Place". *American Journal of Sociology*, Vol.82, No.2, pp. 309—332.

Monteson, P., Singer, J..1999. "Restoring the Homestead's Historic Spa". *Cornell Hotel and Restaurant Administration Quarterly*, Vol.8, pp. 70—77.

Qian, Y., Xu, C..1993. "The M-Form Hierarchy and China's Economic Reform". *European Economic Review , Papers and Proceedings*, Vol. 37, pp. 541—548.

Qian , Y., Weingast, B..1997. "Federalism as a Commitment to Preserving Market Incentives". *Journal of Economic Perspectives*, Vol.11, No.4, pp. 83—92.

Simmons, D..1994. "Community Participation in Tourism Planning". *Tourism Management* , Vol.15, pp. 98—108.

Snoj, B., Mumel, D..2002. "The Measurement of Perceived Differences in Service Quality—the Case of Heal SPAs in Slovenia". *Journal of Vacation Marketing*, Vol.8, No.4, pp.362—379.

Stigler, G..1964. "A Theory of Oligopoly". *The Journal of Political Economy*, Vol.72, No.1, pp. 44—61.

Whatmore, S..2002. *Hybrid Geographies*. London: Sage.

Wightman, D., Wall, G..1985. "The Spa Experience at Radium Hot Spring". *Annals of Tourism Research*, Vol.12, No.3, pp.393—416.

Young, N., Matthews, R..2007. "Resource Economies and Neoliberal Experimentation: the Reform of Industry and Community in Rural British Columbia". *Royal Geographical Society (with The Institute of British Geographers)*, Vol. 39, No.2, pp.176—185.

后记

2001 年我在中山大学珠海校区读本科一年级时，同家人一起到珠海御温泉游玩，那是我第一次接触温泉，那一次的体验让我对温泉带给人身心的享受印象深刻。2007 年我开始着手准备有关温泉的博士论文，走访了广东、湖南多个温泉地之后，我逐渐体会到弄懂温泉旅游地的开发并不像泡浴温泉一样轻松，这是一项有关资本、社区、法律、经营管理和政府的复杂工程。每一处温泉从荒野之地成长为现代温泉度假村的历程都是一个精彩的故事，更多的故事汇集时，中国温泉地资源治理的整体结构逐渐呈现。本书花了很大的篇幅详细叙述了几个典型温泉地的发展历程，试图通过讲故事的方式，让读者能透过故事去理解中国温泉水权制度的生发由来。

2009 年我到日本立教大学参加研讨会，期间专程前往日本著名的箱根温泉实地考察。当时对箱根温泉旅馆的小巧和对温泉水的精细化管理印象很深，很多温泉旅馆都只有一两个温泉池供客人沐浴，与国内的大体量设计截然不同。后经了解，日本的《温泉法》明确规定温泉资源属于其所在土地的所有者，且任何后来的开发都不能造成既有温泉资源的状态改变。这使得日本大多数的温泉地都保持了自然出露的状态，除温泉资源的所有者外，其他开发者都必须从温泉产权所有者手中购买温泉资源，因此，众多温泉旅馆的开发者从规划设计之初就量体裁衣，对温泉资源的使用极其仔细。日本温泉开发的景象迥异于中国的情况，其中，产权制度起到了至关重要的作用。我国改革开放以来，很多地方的温泉资源存在的粗放利用、过度开采的问题，这或许是国家所有制导致的公地悲剧的表现。但是进入 21 世纪后，我们看到某些地方政府管控下的温泉旅游地不仅对温泉资源的开发做到了合理管控，还能在短短十年间迅速提升区域经济，这也是基于我国温泉资源国家所有的基本制度实现的。我国是世界上为数不多的社会主义国家，国家所有的旅游资源治理在全世界范围内找不到太多可以借鉴与对比的案例。很多国际上的国有资源治理的案例还停留在苏联时代。在全球经济持续低迷，中国强势崛起的今天，中国的国有旅游资源治理问题或许会引发更多学者的关注与思考。本书所聚焦的温泉资源只是一个小话题，所见所思局限于个人的学术水平，对中国国有旅游资源治理问题而言也只是管中窥豹，为后来者铺一块垫脚石。

到本书出版，我对温泉的研究已经有十年时间。首先，要感谢我的导师，中山大学保继刚教授，正是保继刚教授 2003 年试点旅游管理立交桥项目招生，才使我有幸在本科阶段就进入了旅游研究这块学术殿堂。在攻读博士学位期间，他如高岗上的灯塔一样照亮了我前进的方向，使我不至于迷失于错综复杂的社会现象和繁杂的文献之中。在我工作后的很长一段时间里，保继刚教授不断的鼓励和支持帮助我度过了迷茫的"青教"阶段。更重要的是，他对国家发展的真切关心与充满正义感的观点，使我坚定选择了温泉这一典型的国有旅游资源作为课题，并对国家旅游资源的治理问题开展研究。

中山大学建校时孙中山先生倡导学生立志"做大事，不做大官"，中山大学的教师多半是务实做事的人，这对我价值观形成带来很大影响。感谢我在中山大学求学期间的朱竑教授，作为我本科与硕士阶段的导师，朱竑教授关于"做一个默默拾石子的人"的教导令我终身受益。感谢中山大学的彭青教授、薛德升教授、徐红罡教授、李郇教授、孙九霞教授、张朝枝教授、罗秋菊教授、左冰教授、张骁鸣教授、翁时秀博士、陈奕斌博士、杨云副教授、华南师范大学的陶伟教授、南开大学的马晓龙教授，陕西师范大学的陈志钢教授等，及众多当年一起学习的同学，不论是在课堂上，还是平时的讨论中，他们都给我以巨大的启发。

调研过程中各地政府部门和业界人士的鼎力帮助和大力支持是保证本书顺利完成的基础。2010 年我开始参与中国旅游协会温泉分会的蓝皮书调研工作，这一工作使我持续有机会到全国各地温泉调研与了解最新的发展情况。感谢中国旅游协会温泉分会的张越秘书长，赵永明副秘书长，广东旅游协会蔡涛秘书长。感谢我初接触温泉研究时，从化市政府允许我参与了从化温泉的整治工作。从化市政府办公室李楚辉副主任、从化市旅游局曾令泰局长、谭鸿副局长、从化市新温泉管委会张丛涛副主任、黄康华副主任、从化温泉镇李建雄副镇长、从化法制办邹瑾波副主任、从化国土局王天宇科长、从化流溪温泉供水站雷家源站长、广东温泉宾馆张本川总经理、从化档案局助理馆员孙秀容等人给予了我莫大的帮助！感谢龙门县旅游局陈瑞玲局长、龙门县档案局李健红局长、龙门县旅游局江郁涛、铁泉董事长刘健芬等人在龙门调研期间给予的帮助！

感谢我的太太封丹博士，她不仅为我搭建了一个和谐幸福的家庭，还对我的研究课题给予了莫大的启发与支持。感谢我的父亲母亲，不仅支持我读完博士学位，还在我组建家庭后搬来广州照顾孙女，解除了我的后顾之忧。

最后，衷心感谢"华南师范大学哲学社会科学优秀学术著作出版基金"的资助，为本书的出版提供了现实基础。

李鹏

2017 年 10 月 17 日于洛杉矶

图书在版编目(CIP)数据

产权制度与旅游发展:中国温泉旅游地水权制度研究/李鹏著.—上海:格致出版社:上海人民出版社,2017.12
ISBN 978-7-5432-2811-5

Ⅰ.①产… Ⅱ.①李… Ⅲ.①温泉—旅游业—水资源管理—研究—中国 Ⅳ.①F592.3 ②TV213.4

中国版本图书馆 CIP 数据核字(2017)第 279636 号

责任编辑 裴乾坤
装帧设计 路 静

产权制度与旅游发展:中国温泉旅游地水权制度研究

李鹏 著

出 版	世纪出版股份有限公司 格致出版社 世纪出版集团 上海人民出版社 (200001 上海福建中路 193 号 www.ewen.co)	印 刷	苏州望电印刷有限公司
		开 本	635×965 1/16
		印 张	15
	编辑部热线 021-63914988 市场部热线 021-63914081 www.hibooks.cn	插 页	2
		字 数	177,000
		版 次	2017 年 12 月第 1 版
发 行	上海世纪出版股份有限公司发行中心	印 次	2017 年 12 月第 1 次印刷

ISBN 978-7-5432-2811-5/D·103   定价:52.00 元